○ 文化产业创新与发展丛书 ○

文化产业与科技、金融融合发展

——以北京市为例的研究

刘克　张琦◎编著

INTEGRATION AND DEVELOPMENT OF CULTURAL INDUSTRY, SCIENCE AND TECHNOLOGY AND FINANCIAL INDUSTRY

—A study on the Taking Beijing as an Example

本书的出版得到北京市教委共建项目“北京市创意产业小型企业公共服务孵化器研究”的专项资助。

经济管理出版社
ECONOMY & MANAGEMENT PUBLISHING HOUSE

图书在版编目（CIP）数据

文化产业与科技、金融融合发展：以北京市为例的研究 / 刘克，张琦编著. —北京：经济管理出版社，2020. 6

ISBN 978-7-5096-7210-5

Ⅰ. ①文… Ⅱ. ①刘…②张… Ⅲ. ①文化产业—关系—高技术产业—产业发展—研究—北京②文化产业—关系—金融业—产业发展—研究—北京 Ⅳ. ①G127. 1②F127. 1③F832. 71

中国版本图书馆 CIP 数据核字（2020）第 108394 号

组稿编辑：王光艳
责任编辑：魏晨红
责任印制：黄章平
责任校对：陈 颖

出版发行：经济管理出版社
（北京市海淀区北蜂窝 8 号中雅大厦 A 座 11 层 100038）
网 址：www. E-mp. com. cn
电 话：（010）51915602
印 刷：北京晨旭印刷厂
经 销：新华书店
开 本：720mm×1000mm /16
印 张：12. 75
字 数：208 千字
版 次：2020 年 9 月第 1 版 2020 年 9 月第 1 次印刷
书 号：ISBN 978-7-5096-7210-5
定 价：68. 00 元

前　言

本书以北京市文化产业与科技、金融等产业相互融合发展的现状与发展趋势为研究对象，分析了在互联网、大数据、云计算、人工智能等高科技手段下，文化产业形成的新业态、新模式动态融合的发展过程，尤其是对“互联网+”、5G时代、人工智能、区块链叠加下数字文化的发展等主题展开研讨。

本书详述了国家和北京市政府层面通过政策引领文化产业的发展，构建政府支持体系，在已有扎实的产业基础上分析北京市文化及文化创意企业的发展现状。在前人研究成果的基础上，结合北京特色，进一步探索北京市文化及文化创意产业与科技、金融业融合发展助力经济高质量发展的积极作用，并在此基础上提出了北京市文化产业发展建设的对策建议。

本书在聚集人才培养、科技领先、资金融通、载体要素等方面对促进研发、投资融资、孵化培育、产业发展相结合的未来做了深入探讨，为推进北京市文化及文化创意产业与科技、金融的融合发展提供理论和实践方面的支撑。在创新创业机制的环境下，文化产业及创意企业与科技、金融及其他要素之间的关系，可以用12个字来概括：相得益彰、价值共生、共同发展。

本书还在探索北京文化创意企业股权转让平台建设、促进文化版权及其推广、推动文化创意企业股权交易或流转等方面提出建议及思考。同时，基于文化及文化创意产业与金融、产业结构、经济增长之间的相互融合角度，从内在联系到外在因素提供理论及实践基础。根据“文化+”的产业发展战略，加快文化产业的高端化发展、融合创新，积极培育新的文化业态，努力打造北京文化产业的升级版。这一切对于推动文化产业与相关产业的融合发展都具有较强的现实意义和应用价值。

本书在最后指出，今后应更加重视新兴数字文化技术，从而更好地平滑疫情对我国经济带来的冲击和影响，并提出了北京市文化产业应对疫情影响的对策建议。

刘　克

2020 年 2 月 20 日于北京

目　录

第一章 文化产业与相关产业融合发展概述

随着互联网技术特别是数字经济的发展，尤其是5G的全面商用，使文化产业的业态发生了很大的变化。产业融合在经济全球化、高新技术迅速发展的大背景下，形成产业提高生产率和竞争力的一种发展模式和产业组织形式。文化产业的跨界融合是当前产业发展的大趋势，在“互联网+”“科技+”因素的引领下，传统文化产业如何转型升级？产业融合已经不仅是作为一种发展趋势来进行讨论，而是产业发展的现实选择。

第一节 选题背景与研究意义

文化包容性中一部分是交融，通过文化+科技等文化赋能，使我国实体经济能够提质增效；通过增加文化元素，使得它的质量和效率能够得到提高。文化经济被看作文化产业的延伸和发展，它是核心产业和赋能产业的组合。技术创新和技术融合则是当今产业融合发展的催化剂，在技术创新基础上产生的产业融合对传统产业体系产生的根本性改变，是新产业革命的历史性标志，成为产业发展及经济增长的新动力。

一、选题背景

（一）产业融合现象的兴起与发展

从经济社会发展态势看，在农业经济、工业经济、数字经济时代，重点解决的是物质需求，实现的是物质文明，解决的是衣、食、住、行问题；而到了文化经济、知识经济时代，我们重点解决的是文化需求，实现的是精神文明。发展文化产业是满足人民群众多样化精神文化需求、提高人民群众生活品质和幸福感的重要途径。

随着通信技术的快速发展和信息处理技术的革新，信息科学在信息理论和各门学科相互联系、相互渗透中得到了整体发展，信息产业成为独立产业而受到社会的广泛重视。在信息产业化的最初阶段，与通信、邮政、广播、报刊等媒介的合作越来越频繁，产业融合的趋势初见端倪。以信息技术为核心的新技术革命，推动了经济结构的转型和发展。信息技术在传统产业中的广泛应用，推动着产业的信息化改革，产业融合现象也从局部个案走向一般。

分析产业融合现象的演进历程，我们不难发现，产业融合的兴起与发展离不开企业跨领域并购的支撑。建立在通信技术和信息化基础上的具有产业融合特性的企业并购，首先发生在信息产业内部，其次从局部开始引发新型产业革命，导致社会经济系统的深刻变化。产业融合促进了各产业之间的发展，并加大了各个产业之间的联系；产业融合能够打破以往传统经济下各个产业之间相互独立的状态，促进一些新兴产业的发展，同时也能够提高各个产业之间发展的竞争能力，从而促进经济的发展。

（二）产业融合

对于产业融合（Industry Convergence）概念的界定，学术界一直没有统一的看法。具体而言，主要可以归结为以下四大类：一是从信息通信产业角度来说，强调产业融合是在技术融合、数字融合基础上产业边界的模糊化，是信息化、工业化协调发展形成的一种产业新范式，是作为生产关系的产业结构适应生产力发展的必然结果。二是认为在技术更新和深化的基础上，不同产业的市场端的边界模糊并最终消失，融合后的新市场呈现出全新的广度和深度，为新的产品和商业模式提供了市场空间，是一个累进、逐步实现的过程。产业融合包括技术融合、业务和产品融合、市场融合。三是从微观视角切入，更强调产业融合发生在机构和公司之间的边界。四是指新技术对传统产业技术的更新与替代，或者产业技术的叠加与渗透，导致产业间技术壁垒降低，从而实现产业融合，表现为技术创新和制度创新基础上新的产业或新的增长点。总而言之，产业融合是一种新的经济现象，并已广泛影响产业的发展，甚至正在重塑产业的结构形态。学者们认为，产业融合是一种由于技术进步、管理创新而导致的各产业边界处出现了技术融合、业务融合、市场融合，从而使得传统行业边界出现模糊的现象。随着融合现象的日益普遍化，学者们开始从更广泛的视角来定义产业融合概念，相信随着产业融合现象的不断扩展以及人们认识的不断加深，对产业融合概念的表述终将趋于“融合”。

产业融合的含义可以概括为：产业融合是由于技术进步和管制放松，产业边界和交叉点的技术融合改变了原有产业特点和市场需求；产业边界模糊甚至重新划定，呈现出不同产业或同一产业内的不同行业相互渗透、相互交叉、“你中有我，我中有你”的共生共赢局面。

（三）文化及文化创意产业融合研究与发展

1. 文化创意产业

文化创意产业（Cultural and Creative Industries）是指在经济全球化背景下产生的以创造力——创意为核心的新兴产业，它强调主体文化或文化因素依靠个人（团队）通过技术、创意和产业化的方式开发、营销知识产权的行业。

文化创意产业具有很强的渗透力和广泛的融合性，促使其与各行各业相互融合、渗透。这种融合把技术、文化、制造和服务融为一体，既有利于产业的延伸，又大大拓展了城市产业的发展空间。文化创意已经成为文化产业发展的高级阶段，它势必在中国经济转型过程中起到巨大的赋能作用。

文化创意作为生产资料，是无形资产，有时特指知识产权或者 IP 转变为城市资源，这种城市资源越多，城市的特色越大，魅力也就越大。文化创意产业的审美驱动体现在两个方面：一个是文化创意赋能经济和产业，另一个是文化创意的根本问题是创新问题。创意不足缺少内涵，无论第一产业、第二产业、第三产业都存在这样的问题，解决这些问题制度创新是首要的。其次就是通过“文化创意+”赋能将产业内涵和品质提升，建设体系完整健康的产业生态，形成强大的品牌影响力，彻底解决不平衡、不充分的发展。从这个意义上讲，“文化创意+”可以担当新时代的使命，成为破解新时代矛盾的新的突破口。

2. 文化创意产业的研究与发展

文化创意并不是无中生有，而是传统产业中注入精神内容，从而实现产业的文化化。文化创意是精神内容，精神内容正在逐步地取代它的物质本身的功能，成为新的东西，而这个东西恰恰是文化创意和文化创意产业的一个本质。文化创意产业是一个高度依赖技术的产业，通过文化创意和科技创新来提升自身竞争力，具体的融合路径是：技术创新与扩散—技术整合—业务整合—市场整合—产业整合。技术创新（尤其是扩散性的技术创新）作为产业融合的源泉，引发了技术融合和业务融合，激发潜在的市场需求最终导致文化创意产业的融合。可以说，建立在技术创新基础上的产业融合是对原有产业体系进行的根本性改变，这种产业创新是当前我国培育新动能的重要途径。

第一，文化创意产业能够迅速发展，而且将来还有更大的发展前景，是因为社会的基本生活需求发生了重要的变化；是因为文化创意与产品和服务融合，在产品和服务的使用价值之上，增加了内涵。所谓的内涵增加，是指文化创意产业改变了供给侧结构性问题——群众对故事的需求、对 IP 的需求、对审美趣味的需求和提升，以及实现人们对美好事物的追求，满足对美好生活的愿望等方面，都上了一个新的大的台阶。

第二，文化创意与城市空间融合，使空间结构、空间设施更具人文色彩，更加舒适而便利，空间景观更具审美价值。城市将不再是钢筋、混凝土的森林，而是成为美丽的家园。

第三，文化创意产业具有原创性，是具有知识经济特征和高度文化含量的一种产业，能使文化创意规模化、产业化，并产生经济效益。在这一价值链增值过程中，以创意为核心，进行复制、生产、传播、销售及使用。

3. 科技赋能

新技术拓展了生产和交易的空间，扩大了选择商业模式的空间。比如小额贷款，可以利用大数据进行分析，对消费者的风险程度进行更好识别。管理学称之为“商业模式设计”，经济学称之为“机制设计”，其实这两者之间有非常密切的关系。当我们所面临的生产技术和信息环境改变时，人们的激励约束也改变了，怎样设计更好的机制来应对这些新的环境，这是经济学家大有可为的地方。

中国互联网上最赚钱的公司都是高科技公司，业态是文化产业。原来最值钱的是 IT 产业，现在最值钱的是互联网文化产业。互联网文化产业有 IT 做支撑，它不仅依靠 IT，还要依靠平台，平台是最重要的一种力量。此外，机器人也很重要，如娱乐机器人，有无数种方式可以让机器人与文化产业融合，变成很昂贵的机器人。总之，人工智能研究正在不断推进。

4. 金融赋能

“新常态”宏观背景下，金融行业与文化产业的有效对接有助于解决文化产业资金供给量远低于资金需求量的困境，有助于文化产业内部运营管理和市场结构的优化升级。依赖于“互联网+”以及信息技术发展浪潮，凭借科技创新形成的全球资源配置优势以及金融业对文化产业投融资的巨大吸引力，实现我国文化金融融合发展的新局面。

资本运作：模式复制与增值。这包括投资与并购方法的复制（大公司的独立商业模式：并购）、创意秀的复制、微电影基地的复制、城市文化体验中心的复制（轻资产与重资产分离）、好项目必须能够体现可复制模式的价值（成长性）、好业态+模式复制（微信公众号复制）。

5. 金融科技赋能

金融科技创新是指金融产业通过与科技产业的融合，实现金融行业的要素禀赋结构升级，进而为实体经济提供高效率和高质量的金融服务。金融科技通过提高资本配置效率和优化资本配置结构，为产业升级以及全要素生产率的提高提供了基础。金融科技创新为金融资源合理配置进而促进经济高质量发展开辟了新的路径，金融科技创新活力和金融科技创新规模对企业全要素生产率具有显著促进作用；金融科技创新对企业全要素生产率的带动作用在高技术密集型产业更加明显。[①] 当金融科技与产业升级层级相互融合、相互适应时，企业全要素生产率将进一步促进经济增长。

6. 跨界连接的泛文化产业生态链

应用互联网平台，实现文化、艺术、科技、人才、资金的“自由连接”，要充分鼓励文化创意与其他产业融合，实现产业间的“自由跨界”，在良好的文化创新生态体系里，打造泛文化产业生态链，并做好数据挖掘等技术储备，让基于互联网的内容更加丰富和多元化。

（四）产业融合的作用

1. 推动了新产品和新商业模式的诞生

产业融合意味着原有的市场分工结构被打破，技术的革新带来新的产品和新的服务，而围绕着新产品、新服务会构建出相应的分工框架，并由此产生新的商业模式。这不仅丰富了消费者的选择范围，也大大拓展了产

① 杨子荣，张鹏杨．金融结构、产业结构与经济增长——基于新结构金融学视角的实证检验［J］．经济学（季刊），2018（2）：403-428.

业发展的空间。

2. 产业融合机制推动产业结构升级与优化

产业融合过程也是不同产业链之间重构的过程，进而导致产业结构向优化资源配置的方向调整，并展现出更高的资源使用效率，通过“越界”，寻找新的增长点。产业融合是一个系统概念，包括技术融合、企业融合、产品融合、市场融合、系统融合等。文化创意产业在政府政策的支持下与相关产业融合发展主要有技术、产品、企业和市场四个层面的路径机制，是一个以技术融合为基础、以企业融合为主体、以产品融合为对象、以市场融合为载体、以系统为基础的过程概念，以融合为保证，构成了文化创意产业与相关产业融合路径机制的模型。融合产品的市场化过程是一个循环往复的过程。

文化产业是文化、科技、金融与数字经济相融合的产物，受基础作用力——技术创新的驱动，在产业内部——企业驱动+需求拉动和外部环境——政府推动中都存在着众多推进融合的作用因素，这些因素相互联系、相互作用构成文化、金融、科技与数字经济融合的作用机制，见图 1-1。

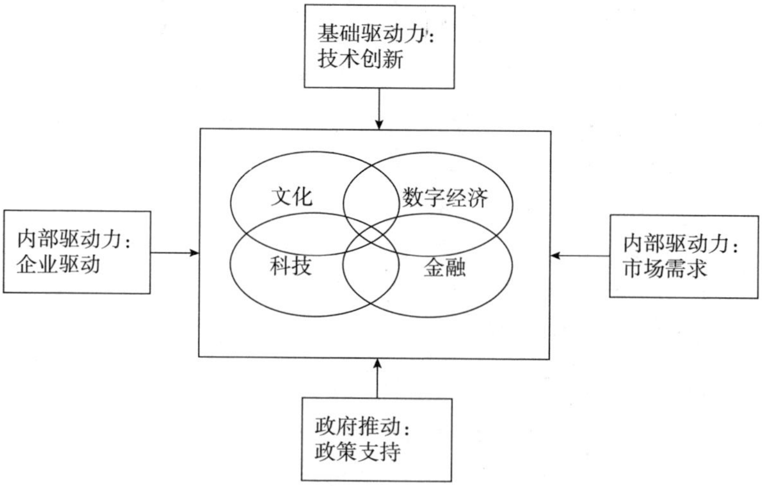

图 1-1　文化产业融合作用机制

资料来源：笔者根据相关资料整理而得。

3. 为新市场和新技术提供拓展的空间

产业融合起于新技术的革新性进展，但在技术变革深化的条件下，产业融合过程也可能是一个市场发现和创造的过程。企业会通过跨产业融合来寻找到新的市场机会，整合更多资源满足新的市场需求；而这些又会反过来给新技术的进一步变革和发展提供土壤和空间，并引发一系列连锁性创新。

产业融合的结果是出现了新的产业或新的增长点。企业处于一个动态、迭代、变化、相互融合发展的环境里，价值网络起着关键作用，形成了一种协同共生、共创成长的生存方式。企业需要协同价值伙伴，共生共创价值，“产品+数据+内容+服务”的整体价值创造，也意味着企业可以协同更多的价值伙伴，创造更多超越企业自身能力之外的价值，从而获得更大的生长空间。

（五）文化及文化创意产业融合机理

1. 价值传递

文化创意产业可以产生价值的传递，而这种价值的传递促进了文化产业以及相关产业的快速发展，价值传递的过程就是产业融合的过程。创意的价值在多个传递的节点处形成增值、转化、再增值的过程，使价值的传递模块化。大致上可以将文化创意价值的模块分成五个，即创意产生、创意再创作、创意传递、创意消费和创意保护。

2. 产业相融性

文化产业和相关产业具有突出的相融性。对文化产业的性质进行分析，可以发现文化产业类属于我国的第三产业。与第一产业、第二产业相比，第三产业的内部联系最为紧密，文化产业可以和相关产业共生共荣。文化产业虽然是一个独立的产业部门，但是这一部门和其他部门存在交叉关系。比如第三产业包括制酒行业、制茶行业等，我国的茶文化源远流长，酒文化博大精深，都可以从文化产业中找到共同点。

3. 产业互动性

文化产业和相关产业具有突出的互动性。事实上，所有产业都不是孤立存在的，都和其他产业存在相关关系。文化产业涉及的范围非常广阔，产业链条相对较长。在发展文化产业的过程中，相关产业也会迎来发展机遇；而推动相关产业的发展，会对文化产业产生重要的反作用。从这个角度来看，文化产业和相关产业可以实现互利共赢，二者可以作为彼此的原生动力。

（六）产业融合途径与模式

1. 融合途径

创意产业的融合途径是根据产业创意化、符号渗透、产业和创意组合的融合，通过引致需求、媒体平台和专业设计的实现与制造业进行融合，经过数字产品开发、传播渠道拓宽、内容生产的丰富等和信息技术产业相融合。产业融合的前提是需求形成合作模式，文化产业与互联网产业进行融合是基于二者之间的关联，同时二者又处于交融关系。所谓产业交融关系，是指对原有产业而言需要转变其性质，以市场的需求为原则，从而改变企业之间的竞争关系，达到模糊化企业间竞争的目的，形成新的产业关系。一般而言，产业交融形成往往出现在产业的边缘或者是产业的交叉点。

2. 融合模式

创意产业具有高度的产业关联性，它跨越了传统的产业边界，能够与各行各业相互渗透、整合。创意产业与相关产业融合发展的合作模式主要包括创意产业与相关产业间的渗透融合、延伸融合以及创意产业内部的重组融合三种合作模式，形成了多种新型创意融合业态。①创意产业与相关产业间的渗透融合，一般是高技术服务业对文化创意产业的渗透融合，并形成文化创意产业新业态的一种融合发展模式。②创意产业与相关产业间的延伸融合，一般发生在与创意服务业存在产品和市场互补关系的相关生活性服务业之间，是通过产业间的功能互补和产业价值链上的延伸所实现的一种融合发展模式。③创意产业相关行业间的重组融合，通过上、下游产业链的重组融合所实现的一种融合方式。

文化创意产品必须由创意策划、技术制作、传播操作、管理协调、商品销售等多方合作才能最终完成，它是各方协同联合的产物。文化创意产业构成了创意、生产、传播和销售、消费四个阶段，这一流程实现了从作品、产品、商品、消费品的转化。文化创意产品最终价值的实现需经过以上复杂的程序和流程，这些步骤和流程超出了传统经济对产业类型的划分，创意可以渗透到诸多产业部门，文化创意产业很难从传统产业类型中完全“剥离”出来，因此，文化创意产业无法简单地把它定位为第一产业、第二产业或第三产业。

近年来，文化产业快速发展，呈现集聚化、数字化、融合化、特色化。互联网、人工智能等科技发展催生文化产业的新业态，文化+金融、文化+科技等一系列跨越融合推动传统产业转型升级。文化创意+科技成功经验已经为文化创意产业的发展提供了借鉴和道路指引，政府更应加大对文化创意产业的支持力度，指导其稳步快速发展，使文化创意产业为我国的经济发展做出应有的贡献。

二、研究意义

在现阶段，人们已经步入知识经济时代，文化及创意产业已成为人们生产活动的中心，随着文化创意的不断出现，会促发一些新的改革，并创造巨大的财富。

（一）理论意义

党的十九届四中全会明确提出“坚持和完善繁荣发展社会主义先进文化制度”，强调“建立健全确保国有文化企业把社会效益放在首位、实现社会效益和经济效益相统一的文化创作生产体制机制”。文化产业作为一门新兴研究领域，由于学科交叉及理论建构的复杂性，至今尚未形成相对独立且完整的理论体系。近年来，一些学者致力于文化产业基础理论研究，力图整合相关学科研究成果，厘清文化产业的核心命题和理论框架，取得了可喜的进展。

文化产业对经济社会发展具有极强的现实意义和应用价值，文化产业理论建构的研究需要从经验事实中借助理论工具形成主观上的认知和理论。在中国特色社会主义新时代，文化产业的发展目标、结构升级、动能转换等都面临新机遇和新问题。一方面，新兴业态的不断出现为文化产业体系研究提供了广阔的空间。文化事业和文化产业、文化产业内部各行业、文化和科技、金融、工业、旅游等多业态融合发展，使得文化产业体系呈现出多样化、生态化特征。文化及其相关产业融合机理、文化产业体系构成与演进，都是值得深入研究的现实问题。另一方面，在经济转向高质量发展的背景下，文化产业增长动能转换是研究领域必然面对的问题。文化与科技、金融等资源要素的结合方式及其成果发生了明显的变化，相关管理制度与实践决策的针对性、科学性及有效性需要检验和提升。发现和挖掘文化产业增长新动能，实证检验并推动相关政策效应的释放，是科学研究成果向实践应用有效转化的重要体现。

本书在新经济增长理论、产业关联理论基础上，对文化产业与科技、金融的融合发展进行研究，尝试在文化创意产业与科技、金融业融合发展的基础、作用机制、融合路径及融合衍生品发展模式等方面进行研讨，并提出了产业融合的作用机制与融合路径；在基础作用力——技术创新的驱动下，从企业驱动+需求拉动到政府推动等众多因素推进融合，这些因素相互联系、相互作用，从而构成文化、金融、科技与数字经济融合的作用机制。这些研究丰富了文化创意产业的研究内容，希望对今后的文化创意产业与产业文化、金融、科技与数字经济融合研究有所帮助。

（二）实践意义

本书基于对文化及文化创意产业在当今的数字经济下与科技、金融融合发展的探索，引入北京市的实例为研究内容。对我国来说，文化创意产业是一个新兴产业，但它具有文化性高、创新性强、高投资、高回报等特点。通过以文化为基因，以创意为翅膀，融合互联网、新媒体、高科技等手段，与云计算、大数据、虚拟现实、人工智能相结合形成新业态、新模式，文化产业形成了新型产业形态的动态发展过程。

从战略层面来看，我们提得最多的是全国文化中心，这是北京市四个战略之一。融合发展、创新发展、京津冀一体化，跟国家、北京市的要求是一致的，同时文化+科技、文化+旅游、文化+创意等“文化+”的形态层出不穷。

1. 发展文化创意产业是建设创新型国家的必经之路

文化创意产业的关键在于创新，这就与建设创新型国家的总体目标相契合。创意产业的基础是人民对美好生活的需要。在中国迈向全面建成小康社会、走向下一个百年目标的新征程之时，文化产业也被赋予了更为重要的产业转型、经济振兴和文化复兴的伟大使命。发展是为了民生，为了提供更加丰富的文化产品，满足人民日益增长的文化需求。由于文化产业处于文化与产业的中间地带，所以我们在理论上、实践上要动态地去守住文化与产业之间的平衡；在市场、技术、商业的硬核包裹中，我们要关注美学、意境、人文情怀这样一种软性内核。

在国家治理能力现代化的过程中，文化政策如何更加有效制约着我国文化产业高质量发展，存在供给、创新、消费和人才等方面的问题。文化产业对新兴产业中的文化及相关产业快速发展，提得最多的是融合发展，其次是创新发展。同时我们非常关注新兴业态的发展，特别是通过文化和科技的融合，让现代文化借力前沿科技为文化经济赋能。中国文化产业高质量发展涉及文化自信、文化底蕴、多层次需求等多个要素。

2. 融合是文化及文化创意产业发展永恒的主题

文化产业与传统产业的融合发展，能够产生一些新的业态，提升传统文化的价值。融合包含了文化、科技、金融等多种要素，其中最主要的是文化，文化是创意的源泉；科技是文化发展的有力支撑；而金融则是支撑的工具。

另外，文化创意产业还具有产业的属性，作为一个产业就应该是规模化的生产或者提供规模化的服务。这种大规模的生产，必须有技术支撑，否则的话不可能形成产业，不可能有更大的增加值。因此，文化与科技的融合是文化创意产业的核心内容，通过高科技的产品加入，能够使我们有更好的体验，也体现了文化创意产业就是为广大的消费者提供差异化的精神体验的本质，是价值驱动和审美驱动。价值驱动从根本上解决人的生存动力、生产动力、生活动力，包括消费动力，体现对人的尊重和对人性的尊重，是构建美好社会的基本手段；而审美驱动则是提高人的审美趣味，把人从物质引向精神，从感觉引向法则，而这些都必须有科技的支撑。

3. 文化创意产业是文化产业跨越融合的新业态

新时代文化产业的特点是产业链延长、文化科技融合、线上线下联动、依托“互联网平台”、频道组合、面向未来、跨界内容体验、新型产业集聚等模式均有利于文化产业的跨界融合发展。

文化可以独立存在，但许多时候文化是魂，它要赋到其他产业上形成“魂能赋体”的综合格局，其中科技是体，旅游是体，商贸是体，金融服务是体，包括其他要素产业的发展，都可以把文化的灵魂融入进去。因此，一定要走“文化+”的融合发展道路，打破文化产业和其他产业或行业之间严格的界限，走融合发展之路，通过业态的创新提升产业创新层次，最终促进可持续全面发展。

4. 经济的可持续发展主要依赖产业融合的深入

产业融合的深度和范围在一定程度上能够反映出一个国家整体的经济实力。研究文化创意产业的本质是充分发挥文化创意产业经济发展的支柱作用，实现传统产业转型升级的必然要求。产业融合过程中的产业跨界区域往往是产业形态发展的必然趋势，也是带动社会经济高速发展的经济增长点。当前，经济全球化，产业科技化、融合化的趋势正在深刻影响文化的发展，要求我们把握新时代文化产业发展的内在需求。

5. 文化创意产业是时代发展和技术创新的需要

随着科学技术的不断发展，传统文化消费方式已难以满足当今的消费需求，因此，为升级文化消费新市场，文化创意产业的创新发展应运而生。文化消费需要满足网络、科技的需要，呈现出信息化、数字化的发展趋势。新技术的革新加强了文化消费产品的传播力与表现力，从而扩大了消费市场，对民众的思想文化和价值观念产生巨大的影响。用创新经济去促进文化创意产业的发展，通过创业孵化培育新兴产业、促进区域转型升级、服务科技型创业企业成长，为实施创新驱动发展战略、促进高质量发展及转变经济增长方式的最佳切入点。发展创意产业，意味着经济发展从此拥有了一个更加巨大的新空间，即文化产业空间，通过文化产品的生产、传播、消费来增加出口、提高税收，创造巨大的物质财富。构建文化产业创新发展的持续动力，为深入推动“文化与科技融合发展”战略文化产业发展提供了持续动能。

6. 文化创意产业是国家社会和经济发展的杠杆

就当代世界而言，发展创意产业对经济发展和产业结构的优化具有越来越重要的引领作用，对经济的迅速发展具有重要裂变效应。不论在理论还是实操层面，创意产业与传统的三大产业相比有显著的优势：创意产业自然资源需求少、耗能低、污染小、发展空间广、难度低。推进创意产业的发展，统筹其与实体经济发展是推动国民经济增长、提升国家文化软实力的重要措施。

文化创意产业是未来的经济发展轴心，当其主体地位形成后，会通过文化经济化、经济文化化及创意的引申、嫁接等潜移默化地影响和反哺第一产业、第二产业和第三产业。

第二节　文化产业与金融、科技产业融合理论研究综述

文化产业的内涵是文化，外在形态是产业，产业融合是其本质特征之一。不仅文化产业内部存在融合发展的趋势，而且文化产业与其他产业融合的趋势也日益明显。学者们普遍认为文化产业属于跨学科的观点。多学

科背景的学者很难形成一个在文化产业领域相对独立的话语体系，可以让不同学科背景的学者相互对话，这也使得文化产业研究的规范性和科学性受到传统学科的质疑。

一、国外研究

产业融合虽然是近几十年才兴起的理论课题，但早在一百多年前，马克思以及马歇尔等经济学家就观察到了产业融合的某些端倪并进行了分析。马克思（1867）著作的《资本论》中指出“分工在一定的条件下将趋于收敛，出现分工基础上的结合生产”，这实际上就是融合思想的发端。之后马歇尔（Alfred Marshaell，1890）在《经济学原理》中对马克思的分工理论进行了发展，他认为由于最初产业的经济发展跨越了产业边界，在分工达到一定程度之后，才产生了产业融合。马克思以及马歇尔等经济学家对产业融合的观察和论述，给了我们两点启示：第一，融合是分工的否定之否定，融合是分工发展到一定程度之后的结合生产，也就是说，没有比较发达的分工，就没有融合；第二，分工具有层次差异，不同的分工层次具有不同的专业化要求，在某些层次需要扩大分工的同时，在另外一些层次可能需要缩小分工、扩大融合。在这之后的很长一段时间里，人们忽略了产业融合，直到 20 世纪，随着文化和经济的发展，产业结构的变化成为一种趋势，产业边界变得模糊，产业融合开始被讨论。罗森伯格（Rosenberg，1963）在产业融合领域取得了早期的研究进展。他在对美国机器工具产业演化研究中发现同一技术向不同产业扩散的现象，将那些产品功能与性质完全无关的产业因采用通用技术而导致的独立化过程，定义为“技术融合”（Technological Convergence）①。英国学者塞尔（Sahal，1985）和意大利学者多西（Dosi，1988）沿用技术融合的概念，在进行了对技术创新的研究以后，指出技术融合所产生的创新活动及其在一系列产业中的广泛应用和扩散会激活那些原本死气沉沉的市场，推动某些产业的发展。产业融合开始于关联性技术，某些技术在一系列产业中的广泛应用

① Rosenberg N. Technological Change in the Machine Tool Industry：1840-1910 [J]. The Journal of Economic History，1963（23）：414-446.

和扩散，并导致创新活动发生的过程，可被视为技术融合①。欧洲委员会的“绿皮书”（European Commission，1997）基于产业融合过程，认为它是市场、产业联盟合并以及技术网络平台的融合。数字网络的引入对世界经济已经并将继续产生深远的影响，数字技术使传媒与电信和计算机的融合产生了 1+1+1>3 的效应。为了防止市场份额的丢失或进入新的市场，许多公司纷纷与其他公司进行并购或缔结联盟，从而在获得规模经济和范围经济并减少交易成本的同时，也采取了违反竞争原则的行动，对现行规制体制提出了挑战。产业融合是指“产业联盟和合并、技术网络平台和市场等三个角度的重合”②。伴随着产业的发展，不同产业之间的界限不断模糊甚至消失。美国学者格里斯坦（Greenstein）和卡恩（Khanna，1997）将产业融合定义为“为了适应产业增长而发生的产业边界收缩或消失”③。美国学者尤弗亚（Yoffie，1997）将融合定义为“产业融合作为一种经济现象，是采用数字技术后原来各自独立产品的“整合”④。戴维·莫谢拉（David C. Moschella，1997）指出，当电脑、电信、消费电子产品以及出版/传媒等产业发生聚合，信息技术产业将再一次经历新卖主、新商业模式以及全球市场领导新格局纷纷涌现的局面。即使它们继续存在，产品垄断的意义也会缩小，因为网络服务和应用将成为信息技术行业扩张的推动力⑤。美国学者肖纳·布朗（Shona L. Brown）和凯思琳·M. 艾森哈特（Kathleen M. Eisenhardt，2001）提出的边缘竞争理论比较适合描述产业融合条件下的企业市场行为。这种边缘竞争理论把战略定义为创造一系列独立的竞争优势的过程，将这些独立的竞争优势综合起来，便形成了一种固定式的战略方向，使这种战略充分显示出业绩的关键动力就是应变能力。衡量成本的标志是生存的能力，应变的能力，而最终将是随着时间的推移

① 岭言．“产业融合发展”——美国新经济的活力之源［J］．工厂管理，2001（3）：25-26。

② European Commission. Green Paper on the Convergence of the Telecommunications, Media and Information Technology Sectors, and the Implications for Regulation［R］. http：//www. ispo. cec. be, 1997.

③ Greenstein S. & Khanna T. What does Industry Convergence Mean?［A］// Yoffie D（ed. ）. Competing in the Age of Digital Convergence［C］. Boston, 1997：201-226.

④ Yoffie D. B. Competing in the Age of Digital Convergence［M］. New York：The President and Fellow of Harvard Press, 1997.

⑤ 戴维·莫谢拉．权力的浪潮：全球信息技术的发展与前景（1964-2010）［M］．北京：社会科学文献出版社，2002。

不断地改造企业的能力。

日本著名产业经济学家植草益（2001）基于市场环境转变，在对信息通信业的产业融合进行研究以后，从产业融合的原因及结果两方面对其进行了更具广泛性和有用性的研究。从动因的角度，把产业融合定义为通过技术革新和放宽限制来降低产业间壁垒，加强产业企业之间的竞争合作关系。大多数研究将其归功于技术创新和技术进步①。植草益源于竞合关系的研究揭示了产业融合将在市场环境方面导致一种新变革。

按照经典的产业经济学理论，企业的竞争关系应该存在于一个行业内部，即属于同一产业的企业群在产业内部和企业之间可能存在竞争关系，而超出同一产业界限之外的两个企业间不存在竞争关系。但是，随着产业融合兴起与发展，技术革新促使原来不具替代性的产品或服务的替代关系越来越密切；同时，在政府放宽行业管制的刺激下，企业积极涉足发生融合关联的相关企业，之前处于竞争绝缘的不同产业的企业群在产业融合中就会处于相互竞争的状态，但该竞争状态与原来同一产业中企业的竞争状态存在着一定差异，它更多体现为市场竞争而非资源竞争，资源方面更多地体现出合作需求，企业间也从原有的敌对竞争关系演变成具有合作倾向的竞争关系。在竞合关系的营造中，市场结构和企业行为发生着相应变化。

Malhotra（2001）揭示了信息技术融合的技术基础，认为数字技术的出现是产业融合的重要驱动力。数字技术使隶属于不同产业的企业因为产业间供需双方的联结而成为直接的竞争对手②。戴维·莫谢拉（David C. Moschella，2002）指出，产业融合使得资源在更大范围内得到合理配置，从而大幅降低提供产品和服务的成本，获得成本优势；与此同时，融合又扩大了网络的应用范围，使得各种资源加入网络的可能性增大，产生了网络效应；并且，融合产生的生产系统的开放性，使得消费者成为生产要素的一部分，这几方面共同作用可为企业带来巨大的收益递增机会。Bally（2005）认为，技术融合不仅仅发生在信息传输业，在诸如保健食品、数码相机、包装技术和机械工具等领域均有技术融合发生，因此更一般地

---

① 植草益．信息通讯业的产业融合［J］．中国工业经济，2001（2）：24-27.

② Malhotra A. Firm Strategy in Converging Industries：An Investigation of US Commercial Bank Responses to US Commercial-investment Banking Convergence［D］. Doctorial Thesis of Maryland University，2001.

看，技术融合是从根本上改变以往各独立产业或市场部门的边界，并使它们融合成一个新的竞争环境的技术共同成长过程。面对产业融合和行业边界模糊这一环境的重大改变，企业做出各种战略反应①。

斯蒂格利茨（Stieglitz，2002）基于 Greenstein 和 Khanna 的研究，从需求角度看，认为产业融合是指以产品为基础的融合，并将产业融合的类型区分为“替代性融合”和“互补性融合”。在融合之后如果发生了替代性质的变化即为替代型，如果融合后的效应远大于融合之前则被定义为互补型。根据技术的使用情况将融合进一步划分为技术替代、产品替代、技术互补和产品互补四种类型②。但是，由于技术上的创新难以界定，这四类的界限往往比较模糊。Lind（2005）从市场视角分析认为，融合型产业出现萌芽状态后，以前各自分离的市场合并以及跨产业进入壁垒的消除、融合使得消除市场准入障碍和产业界限，原来相对独立的产业由于产业边界的消失而出现产业融合。这种融合是否成功乃至能否持续下去需要经过市场的检验。对于市场而言，需要达到相应的收入弹性条件和生产率上升条件，该产业才具有潜在的市场③。而 Malory（2013）则按照不同程度的产业融合发展，将产业融合划分为低机构高功能上的融合、高机构低功能上的融合、高度融合三个等级④。

在生命周期理论下，美国学者 Stieglitz（2003）对产业融合的路径进行了进一步的研究。他指出，市场（产业）既可以用需求因素也可以用供给因素来定义，因而，市场（产业）融合就可以区分为供给方技术融合和需求方产品融合。用相似的技术能力生产不同的产品和服务即为技术融合，而通过使用不同的技术提供替代性或互补性产品即为产品融合，这两种类型的融合又可进一步分为替代性融合和互补性融合。两个产业的融合一般

① Bally N. Deriving Managerial Implications from Technological Convergence Along the Innovation Process: A Case Study on the Telecommunications Industry [R]. Swiss Federal Institute of Technology (ETH Zürich), 2005.

② Stieglitz N. Industry Dynamics and Types of Market Convergence [R]. Paper to be Presented at the Druid Summit Conference on “Industrial Dynamics of the New and Old Economy—Who is Embracing Whom?” Copenhagen/Elsinore, 2002.

③ Lind J. Ubiquitous Convergence: Market Redefinitions Generated by Technological Change and the Industry Life Cycle [R]. Paper for the Druid Academy Winter 2005 Conference, 2005.

④ Malory. Reflections on the Development of Mining Heritage Tourism in African [J]. Tourism Management, 2013, 28 (3): 677-687.

包含三个具体阶段的动态化过程。第一阶段存在两个从供给到需求都不相关的产业，融合的过程由外部因素（如新的技术发明、政策管制放松）所激发。技术的开发与互用是这一阶段的标志（技术融合）。第二阶段意味着市场结构和公司行为开始变化，此时产生融合和业务融合是重点。进入第三阶段后，两个产业从技术或产品市场的角度具有了相关性，并且市场发展趋于稳定化，产业融合范围内的企业（不同产业的企业）之间的交叉竞争与合作竞争激励，形成了市场融合的态势①。美国学者 Hacklin（2010）把融合阶段分为四个阶段。他认为融合应该起始于知识运用上的融合，这使得产业上的相关指标数值发生了变化；随后是技术上的融合，部分技术交叉的产业开始出现；再接着是技术应用上的融合，这一部分的技术进步会转化为具体的经济价值；最后，在技术应用发展到一定的程度后，真正意义上的产业融合才会出现。同时，他还认为不同于技术进步，经营模式在融合的过程中发挥着独特的作用②。

国外学者对产业融合的相关问题进行了较为广泛的研究，讨论了技术融合的影响因素及其作用、产业融合对能源产业的影响、产业融合与全球化等问题。值得注意的是，这些研究成果大多集中在电信、传媒、娱乐、金融和商业等已经出现产业融合现象的产业。作为一种“革命性”的产业创新形式，产业融合使得建立在清晰的产业边界上的传统理论无一例外地面临着前所未有的挑战，如产业生命周期理论、产业组织理论、产业结构理论、产业规制理论、产业创新理论和战略管理理论等。因此，如何对这种“革命性”产业创新形式进行一般性理论阐释，并以此为出发点构建能适应产业融合环境的理论体系，应是产业融合研究的重点。同时，在经济全球化和服务化的背景下，深入、系统地揭示服务业内部行业以及服务业与制造业、农业融合的内在机理、表现形式及社会经济影响，把握全球经济服务化的实质，无疑将成为今后产业融合方面的一个重要研究方向③。

---

① Stieglitz N. Digital Dynamics and Types of Industry Convergence：The Evolution of the Handheld Computers Market [J]. The Industrial Dynamics of the New Digital Economy，2003：179-208.

② Hacklin. The Tourism - Economy Causality in the United States：A Sub - Industry Level Examination [J]. Tourism management，2010，30 (4)：553-558.

③ 李美云．国外产业融合研究新进展 [J]．外国经济与管理，2005 (12)：12-20.

二、国内研究

文化产业是当代经济一种新的产业形态。它已经成为一些国家重要的经济增长点和支柱产业，尤其是在全球环境保护和低碳经济发展的大背景下，文化产业将更加有效。国内学者的研究主要集中在对国外文化产业的阐述、国内外文化产业现状的比较以及经验和启示方面。

（一）互联网时代文化产业发展的影响因素

学术界不乏文化产业发展影响因素的研究成果，互联网对文化产业发展的影响也多有论述。但是，各影响因素之间的关系结构及其核心影响因素的辨析与识别，并没有取得突破性并被广泛认同的研究成果。江小涓①认为网络和数字技术激发了文化供给与文化消费，是当代文化产业规模化的主要动因，而消费者普遍面临的“时间约束”是文化产业增长的最大影响因素，消费者“只选最好”和供给者“赢者通吃”，是决定互联网时代文化产业收入分配的新因素。该文的研究范式和基本结论，对于文化产业理论研究和实践决策都具有较强的启示意义。

（二）经济学和管理学作为文化产业的理论基础

厉无畏（2002）认为，在产业融合的过程中，新的产业或者出现产业的新增长点是产业融合的特点。周振华（2002）对产业融合的概念进行了研究，认为不同产业之间的界限为了适应发展会逐渐缩小，有时还存在产业边界消失的现象；同时，他还认为数字融合是产业融合的基础，并对产业融合的现象、本质等方面进行了研究。周振华（2003）认为，产业融合并不是在原有框架下对原本各自分离部门的简单整合，而是在相互渗透中形成一个可将不同部门容纳其中的新的框架。

厉无畏（2006）认为，产业融合是指不同产业或同一产业内的不同门类相互渗透、相互交叉，最终融为一体，逐步形成新产业的动态发展过程。作为产业现代化进程中产生的一种经济现象，产业融合在不断走向深入，产业体系内部之间、内部与外部之间形成了多种形式、多个维度及多个系统的融合类型。胡永佳（2007）、郑明高（2011）从特征角度出发，

---

① 江小涓. 网络空间服务业：效率、约束及发展前景——以体育和文化产业为例［J］. 经济研究，2018（4）.

认为产业融合本质上是产业分工的内部化，是为了迎合产业发展的需要而引发的产业边界收缩甚至消失。尹鸿等（2018）认为，文化产业是文化领域的经济学研究，应用学科是文化产业管理学。文化产业首先是“产业”，其发展要符合一般产业规律，其次再论及“产业”的“文化”特性。“文化”本身是一个在认识和理解上难以达成共识的概念。文化产业研究过分强调“文化”特征，忽视“产业”特征，不利于文化产业学科体系的形成。经济学与管理学强调实践应用与理论参考相结合。把经济学和管理学作为文化产业的理论基础，对于提高文化产业的实践应用质量和促进理论研究成果的转化具有重要意义。

（三）文化产业与科技产业的融合

高速发展的文化产业是文化与高新技术相结合的产物。文化影响着科技的生成、发展与传播，影响着创新的进程和结果。技术的进步又赋予了文化新的产品形式和展示方式。尽管高科技在推动文化产业的发展上有着十分重要的作用，但学术界对此方面的研究却不多，学者们的研究多集中于文化产业与高科技产业融合的必然性与重要性的探讨，同时也提出了相应的措施与途径。

顾江、郭新茹在《科技创新背景下我国文化产业升级路径选择》中比较详细地阐述了科技创新对文化产业升级的作用机理，并以图表和文字相结合的方式详尽地分析了我国各地区文化产业与高新技术融合程度，以文化产业和科技融合程度的强弱将我国各地区分为五类，在此基础上提出了加快科技创新是推动我国文化产业链升级的有效途径：第一，推进文化业态创新，运用高科技术改造传统文化产业；第二，强化科技支撑，打造区域性特色文化产业集群；第三，实施科技兴贸战略，提高文化产品中高科技含量；第四，加强政策扶持，推动文化产业和高新技术产业创新融合。

陆国庆在《产业创新：超越传统创新理论的新范式》中认为产业创新是企业突破已结构化的产业的约束，运用技术创新、产品创新、市场创新或组合创新等来改变现有产业结构或创造全新产业的过程。产业的融合和创新经过了技术融合、产品与业务融合、市场融合的阶段，最后完成产业融合的整个过程。这几个阶段前后相互衔接，也可能是同步相互促进完成的。

（四）文化产业与金融业的融合

文化产业是朝阳产业，其发展需要金融产业的支持。对于文化产业与金融产业融合的研究，大多数学者侧重于对文化产业与金融产业融合的现状、难点分析以及融合措施的探讨。

白婧在《促进金融与文化产业融合发展》中分析了我国文化产业发展的现状与问题，指出我国文化产业增长速度快，正在成为我国经济发展的重要推动力量；同时存在着观念滞后、缺乏融资担保机制、财政支持的力度不够、金融市场缺陷等诸多问题。在此基础上，她提出了促进金融与文化产业融合发展的建议：第一，注重对文化产业支持政策的集成。国家要采取必要措施去促进产业的融合发展，完善相应的法律法规，加强要素市场建设，建立文化产权交易中心。第二，积极进行金融改革，加强金融创新。要在完善金融市场法律法规体系的同时，积极稳妥地推进资产证券化业务，引入风险投资，采取投资组合管理方式来分散文化企业固有的高风险特征。第三，不断提升文化企业创新能力和融资能力。

国内外学者对产业融合现象进行研究时，尝试着从不同视角对其内涵进行界定，结果使得其内涵至今仍未形成一致意见。具体而言，现有研究成果主要是从产业融合对技术、产品、企业、市场、制度以及对经济发展作用影响的研究等视角来界定产业融合内涵的。

从总体上看，随着我国政策对文化产业的导向和重视，学术界对国内外文化产业的研究也进一步加强，论文、著作呈现逐渐增多的趋势。文化产业与其他产业的融合最重要的是如何融合，这也是学术界探讨最激烈的地方：从国内文化产业与其他产业融合的研究来看，横向上主要集中在旅游、金融、高科技三个方面，涉及建筑、制造等产业较少，范围还有待进一步拓展；纵向上，研究的程度还需进一步加深。从国外文化产业与其他产业融合的研究来看，学者们研究最多的还是对中外的文化产业进行对比，并从中获得经验与启示；而单方面对国外文化产业与其他产业融合进行的研究很少，还需学者们进一步地深入研究。

三、文化产业融合发展的动因

（一）基础驱动力：技术创新

技术创新是产业融合的内在驱动力，为产业融合提供了市场空间。重大技术创新在不同产业之间的扩散导致了技术融合，技术融合使不同产业形成了共同的技术基础，并使不同产业的边界趋于模糊，最终促使产业融合。

1. 互联网时代文化产业的融合发展

互联网不是作为单个产业而独立存在，也会像电一样融入我们的生活、产业。从这个意义上讲，互联网不是其他产业的颠覆者，而是其他产业的推动者，对于文化创意产业来说，尤其是这样，因为文化创意产业和互联网很容易融合在一起，或者说是先天融合在一起的，所以这也是腾讯科技股份有限公司（以下简称腾讯）由原来自己做转变到愿意和所有产业融合起来一起做的根本原因。我们深刻认识到，互联网将推动所有产业发展，将融入产业发展，成为所有产业的基础内容。

随着互联网发展而产生的不同产业之间边界模糊或消失的现象，其本质是指互联网发展导致的社会分工的改变。熊彼特提出的五种创新理论将技术作为重要变量，创新是生产函数的变动，是生产要素的重新组合，是形成经济变动的重要力量。新技术、新产品、新市场、新材料和新组织均是这些要素的构成部分。由此可见，技术创新与经济活动、产业结构、组织方式均有一定的相关关系。后续华尔特·罗斯托、迈尔斯、马奎斯、弗里德曼等经济学家均致力于论证技术创新的经济和社会价值。技术创新与发展带来的影响广泛且深刻，不仅涉及经济层面的产品、市场、消费、需求，也涉及社会层面的组织结构、管理方式、行为习惯、文化类型。

“产业互联网”正在成为数字产业化与产业数字化的重要载体。信息化是全球新一轮科技与产业革命的最大变量，产业互联网将扮演“转换器”的角色，将信息化这个最大的变量转化为各行各业创新发展的最大增量。在此基础上，展开对我国数字经济及人工智能背景下推动产业融合方式的研究。

2. 科技、金融多元叠加文化产业发展

金融科技创新是指金融产业通过与科技产业的融合，实现金融行业的要素禀赋结构升级，进而为实体经济提供高效率和高质量的金融服务。金融科技通过提高资本配置效率和优化资本配置结构，为产业升级以及全要素生产率的提高提供了基础。金融科技创新为金融资源合理配置进而促进经济高质量发展开辟了新的路径，金融科技创新活力和金融科技创新规模对企业全要素生产率具有显著促进作用；金融科技创新对企业全要素生产率的带动作用在高技术密集型产业更加明显。当金融科技与产业升级层级相互融合、相互适应时，企业全要素生产率将进一步促进经济增长。

现代金融需要利用大数据、云计算、网络借贷和支付等方式优化资源配置，实现金融与科技融合，进而带动产业升级，促进实体经济发展。金融科技的发展可以有效地弥补传统金融的天然缺陷，提高了金融资源的配置效率①。从企业融资角度看，金融科技创新推动商业银行更好地为企业提供融资服务。通过大数据技术分析企业的经营情况，商业银行能更客观有效地为企业提供信贷和担保服务，从而解决企业融资难、融资贵等问题。从企业运营角度看，区块链技术确保了企业每笔交易有迹可循，降低了业务的违约风险。金融发展有效降低了信息搜索成本，合理发现企业创新的价值。从企业的内生性角度看，只靠企业内部的创新无法使得边际效益最大化或因内部创新模式的不健全导致创新无法实现产业化。随着要素禀赋结构升级，原先还符合比较优势的产业和技术不再具备比较优势，而通过产业融合创新及金融科技的创新促使企业进一步地推动技术创新和产业升级，使企业快速适应市场发展需求，实现经济效益最大化。中国产业正处于转型中，随着要素禀赋结构的变化，产业结构也逐渐升级和转型，而金融科技创新并不是对所有产业都起作用，其只对高科技密集型产业有促进作用。中国现阶段经济发展需要新的金融服务模式助力产业结构升级，从而推动经济高质量增长②。

（二）内部驱动力：文化产业的价值链和供需链的变化

从微观层面看，新的文化产品和社交媒体不断产生，打破了传统文化产业的生产和生存逻辑，数字内容趋于现实移动互联，智能终端、人工智能、大媒体等以前所未有的方式融入人们的日常生活；从宏观层面看，推动文化的科技融合已成为各国提升文化软实力与竞争力的关键手段，对文化来说，科技创新已经渗透到与文化相关的设计、生产、消费、传播的各个环节和层次，文化产业的价值链和供需链正在被颠覆，科技成为文化产业升级转型的重要引擎和核心支撑。

无论你在任何行业，作为中国任何城市的一个市民，在过去的 20 年里，跟信息、商品、服务及空间的关系都因为互联网发生了巨大变化。从

① 刘蕾，鄢章华．共享经济——从“去中介化”到“再中介化的被动创新”［J］．科技进步与对策，2017（7）：14-20.

② 巴曙松，白海峰，胡文韬．金融科技创新：企业全要素生产率与经济增长——基于新结构经济学视角［J］．财经问题研究，2020（1）：46-53.

需求侧角度看，超过 3.5 亿的中国新中产阶层正在改变中国商品销售、品牌建设的每一个要素。今天中国的商品供给已经不再由价格驱动，而是由品质驱动，其中最大的原因是出现了一批愿意为品质埋单的中国新中产阶层。顾客需求的变化使企业到行业的边界被调整。由于消费需求的变化，不再只是你能以更低的成本、更高的效率来提供更多的产品，而是顾客还提出了个性化需求，需要你能够满足他的需求，即出现了“消费变革”。

（三）外部驱动力：政府推动

1. 互联网推动产业融合的政策推动

20 世纪 70 年代以来，随着以信息技术为核心的高新技术的快速发展和扩散，工业经济时代大规模生产分工的产业边界逐渐模糊或消融，并在原有的产业边界处融合发展成新的产业形态，成为价值的主要增长点和经济增长最具活力的源泉。2014 年国务院发布《关于推进文化创意和设计服务与相关产业融合发展的若干意见》；2015 年国务院办公厅发布《关于推进农村一二三产业融合发展的指导意见》，同年国务院办公厅发布《关于印发三网融合推广方案的通知》；2016 年国务院发布《关于深化制造业与互联网融合发展的指导意见》。不仅政府高度关注，学术界也展开关于产业融合的研究，但是关于产业融合理论，国外实证方面的研究较多，国内近几年研究成果多是将互联网作为一个外在动力进行研究，将互联网嵌入产业融合方式的研究较少。随着互联网技术的发展，互联网在产业融合中发挥的作用将越来越大，因此对我国互联网推动产业融合的方式进行研究有重要的意义。

2. 文化与文化创意产业发展的政策推动

2016 年 12 月 19 日，国务院正式公布《“十三五”国家战略性新兴产业发展规划》，与文化产业结合紧密的数字创意产业，首次被纳入国家战略性新兴产业发展规划，并成为与新一代信息技术、生物、高端制造、绿色低碳产业并列的五大新支柱。该规划提出，到 2020 年，形成文化引领、技术先进、链条完整的数字创意产业发展格局，相关行业产值规模达到 8 万亿元。

2017 年 2 月，国家发展和改革委员会发布《战略性新兴产业重点产品和服务指导目录》（2016 版），在数字创意产业方面，共分为数字文化创意、设计服务、数字创意与相关产业融合应用服务三个重点方向，数字文化创意内容制作、工业设计服务等八个子方向。

2017 年 4 月，原文化部发布了《关于推动数字文化产业创新发展的指导意见》（以下简称《指导意见》），明确提出“数字文化产业”的概念。《指导意见》提出，到 2020 年，形成导向正确、技术先进、消费活跃、效益良好的数字文化产业发展格局，在数字文化产业领域处于国际领先地位。

四、文化产业理论建构和创新研究的趋势与展望

（一）文化企业创新研究

文化产业领域技术创新和管理创新的主要载体是文化企业。文化企业是文化产业核心的市场主体，更加注重创意、创新、创造性发明以及知识产权的掌控和运营，与一般企业的组织管理及价值创造方式存在明显的差异性。文化企业的资本运作、商业模式、成长能力、资产管理、品牌建设、绩效评价、公司治理、国际竞争力等问题，已经引起学术界的持续关注。这些问题的核心议题是文化企业创新，这些问题的合理解答对于提升文化产业发展质量和效益具有基础性的作用。

（二）产业融合研究

第一，产业融合是一个系统性概念，包括技术融合、企业融合、产品融合、市场融合、制度融合等。同时，它又是一个过程性概念，是在技术融合基础上，以企业融合为主体，产品融合为客体，制度融合为保障，最终实现融合型产品的市场化过程。不仅如此，这个过程还是循环往复的过程，一次融合的实现并不代表着融合的终止，在新技术及新需求推动下，还会开始新融合。总之，在产业融合过程中，技术融合为其提供了必备的技术基础，企业融合是产业融合的主体，产品融合是产业融合的客体，制度融合为产业融合的顺利进行提供了保障，市场融合是产业融合的最终表现。

第二，产业融合是内生性动力和外生性动力共同作用的结果。自组织性是产业融合的内生性动力，技术进步、管制放松、企业管理创新等是产业融合的外生性动力，二者共同推进产业融合的萌芽、发展、成熟的演化过程。

第三，产业融合有利于促进产业创新，推进产业转型升级，有利于提高产业链条的增值空间，优化产业结构，改善市场结构、企业结构，提高企业绩效。

第四，随着信息技术和互联网的发展，行业之间的技术、业务、运作和市场的通用性增强产业的边界逐渐融合，跨行业的业务交叉和创新成为可能。企业之间、产业之间的联系更加广泛，企业向其他产业扩展和渗透的现象日益普遍，促进了更大范围的竞争，以至于很难具体判断企业属于哪个行业。企业的价值创造活动已不再局限于本产业的价值链上，而是向其他产业延伸，融合其他行业的产品和服务，形成价值网。

（三）文化产业与相关产业的融合研究领域亟待攻关的课题

随着经济的发展，产业融合现象在我国逐渐显现，本书力图在界定产业融合概念的基础上，总结出以互联网为技术基础的产业融合途径以及以互联网为核心的融合途径、文化产业与其他产业的融合与发展、产业融合在国民经济中的关联与辐射作用，并提出相应政策建议促进产业融合。在今后研究中，以下几个方面有待深入：

首先，未来一段时期，文化产业理论建构、经验事实研究、文化企业创新研究值得持续关注。研究视角投向文化产业的要素融合、业态融合、新兴业态演进以及区域协调发展等中观层面的问题，还有部分学者从文化企业发展、文化产品与品牌开发、文化消费群体特征等微观层面揭示产业发展的内生性问题，推动文化产业研究趋向深入。这对产业融合理论发展提出了一定挑战。

其次，加强理论与方法研究。综合借鉴经济学、管理学等学科的管理和方法，为产业理论发展研究寻找理论支撑，以形成完整的产业融合理论体系。

最后，研究产业融合发生前提。无论是技术进步、产业规制放松，还是企业追求自身利益，都对产业融合产生了积极影响，但这些并非产业融合的前提。当前学术研究更趋向于科学、规范、系统和学科组合交叉，原本就处于学科组合交叉领域的文化产业学术研究必然要提升科学性、规范性和系统性。

第二章 北京文化与文化创意产业概述

20 世纪 90 年代以来，随着文化创意产业在全球的兴起，纽约、伦敦、巴黎、法兰克福这些原本就富有文化活力的城市率先体会到文化创意产业的魅力，成为全球最著名的创意之都。英国等国家提出创意产业、文化产业的概念以来，世界主要国家和大城市均提出了文化创意产业的发展战略，文化创意产业已经成为主要发达国家的支柱产业。北京市委市政府高度重视文化建设，文化创意产业被确立为北京文化建设的重要路径。从国内外背景分析，北京提出发展文化创意产业，绝非心血来潮，主要基于英国创意产业的成功经验和北京自身的优势及条件。文化及文化创意产业作为经济发展转型、产业规模化和细分领域发展的重要途径和载体，对国家和城市的文化事业和文化产业发展起到重要作用。

第一节　文化与文化产业概述

文化是国家综合国力的重要标志，文化产业是新旧动能转换的重要力量。在“文化自信”的要求与指导下，文化产业不仅会带来资产收入，还会为大众带来文化滋养、文化服务和文化熏陶，让大众享受到千姿百态、内容丰富的文化产品。文化产业呈现集聚化、数字化、融合化、特色化的快速发展，互联网、人工智能等科技发展催生文化产业的新业态，文化+旅游等一系列跨越业融合推动了传统产业转型升级。

一、文化与文化产业的相关概念

（一）文化的界定

文化无时不在、无处不在，无人不知晓、无人离得开，每个人都会对文化是什么做出自己的判断，或宽或窄，或深或浅，或粗或细。文化体系的概念越来越清晰，同工业体系、农业体系、金融体系、军工体系一样，文化也是一个体系，运用体系化思维探寻文化繁荣发展之路，研究视野会更加开阔。

文化是在传统产业中注入精神内容，从而实现产业的文化化。本书认为，文化是指在一定生存环境下所产生的思维方式和生活方式之总和。文化的界定，强调了三个关键词：生存环境、思维方式、生活方式。

1. 思维方式

人类不同于动物的根本标志就在于有思维。人工智能，说穿了就是想让机器同人类一样具有思维能力，让机器读懂人，让机器跟人类一样独立思考。强调文化是思维方式和生活方式的总和，是为了纠正以往只重视生活方式而忽视思维方式的偏差。与生活方式形象、具象、具体不同，思维方式很抽象，不容易像文学艺术作品描绘生活方式那样易于表达、呈现，只能从科普、科幻作品中体味。但是，只讲生活方式不讲思维方式，文化就是跛脚的。

中华民族先贤所特有的整体观，是先见森林后见树木，而西方人的思维方式恰好相反。我们在这里不是评判中西方文化在思维方式上的优劣，只想说明一点：舍弃思维方式，对文化的认识就是不完整的。

2. 生存环境

思维方式和生活方式与生存环境息息相关。离开生存环境，谈文化就失去时空观。人类历史已经走过农耕时代、工业时代，目前正处于信息时代。每个时代的生存环境不同，与之相对应的思维方式和生活方式也明显不同。现在看来，中华文化的传统部分诞生于农耕时代，思维方式和生活方式都是跟农耕时代相匹配的。农耕时代，由于中华民族先人们的生存特征是靠天吃饭，所以，先哲们洞察天和地以及天地人之间的相互关系，形成了阴阳五行等学说，创造了历法、二十四节气等。即使现在已进入信息时代，先哲们留存下来的思想也并未过时，甚至闪烁着智慧光芒。

与西方国家相比，我们国家进入工业时代晚了百余年。我们不仅错过了工业发展的历史机遇，致使国力羸弱，不得不蒙受被蹂躏的百年耻辱，而且丧失了农耕文明对接工业文明的契机，以至于滋生文化不自信土壤，怀疑甚至全盘否定中华文化，并将国家羸弱的根源归咎于文化，这其中不乏民国时期的贤达。

3. 生活方式

每个时代都有每个时代的生活方式。日出而作、日落而息，是与农耕时代生存环境相适应的生活方式。工业时代，机器大生产造就高度集中式的生活方式：居住集中——社区，购物集中——商场、超市，文化活动集中——影院、剧场，餐饮集中——酒楼、餐馆。与工业时代不同，信息时代人们的生活方式从集中式走向分散化：联络方式便捷化，工作场所分散化，社交活动网络化，文化体验个性化。

（二）文化的存在形态

文化按其形态，大致可分为以下四种：

（1）物质型文化。人力曾经和正在作用其上的一切物质对象、人类物质生活的方式都是物质型文化，体现人类劳动的物质产品都是物质型文化最本质的内容。

（2）社会关系型文化。这是从家庭组织到社会组织，从生产关系结构到上层建筑结构，从社会分工结构到阶级结构乃至民族结构的总称。它处于物质文化与精神文化之间，既反映物质又是精神文化的外在表现，同时给予二者强烈的影响。

（3）经典型文化。它是以历史的形式凝固了的精神文化，是影响过历史，以致被称为传统的各种知识、价值观念、思想体系，巨大的历史惯性是经典型文化的主要特点。

（4）心理型文化。这是另一类精神文化，它不是凝固的而是存在于人这个文化主体的各种行为中，它的核心是以价值观念和思维方式为主体的传统观念。

本书所要研究的文化的存在形态有两类：一类是文化遗产，另一类是文化产品和服务。文化遗产是过往文化的积淀，文化产品和服务满足当下精神文化需求，收藏、保护、研究文化遗产，被称为公益性文化事业；创作、生产、传播和展示文化产品和服务，被称为经营性文化产业。

文化和科技融合为文化建设带来了众多机遇，出现了文化新业态和文化新体验，也催生了产业新门类。新技术条件下，文化生产新体系在孕育、成长，但旧体系还没有完全退出历史舞台，新旧体系叠加所产生的矛盾和困难急需化解和破除。

（三）文化新业态

文化新业态是文化和科技融合而产生的文化表达新方式或文化表现新形式。在以互联网为代表的数字化、网络化、智能化等新技术条件下，文化的传统业态，如图书、报刊、广播、电视、电影，都披上了新业态的盛装：与图书相对应的是电子书；与报刊相对应的是电子报刊；与广播电视相对应的是互联网在线直播；与影视相对应的是视频网站；等等。即使古老的博物馆、图书馆等文化业态，也出现了数字博物馆、数字图书馆等新业态。

近年来，以文化体验为主要特征的文化新业态不断涌现，创造出越来越多的文化服务虚拟场所或场景。比如采用增强现实技术（AR）、虚拟现实技术（VR）等，博物馆让文物动起来创新了展陈方式，出版社让图书立体化增添了阅读乐趣。

与文化新业态相对应，文化新产品特别是与互联网相关的文化新产品层出不穷，如网络文学、网络游戏、网络影视、网络综艺、电子书等数字化文化产品。与这些文化新产品相伴而生的是文化消费新方式，如数字阅读、移动阅读、文化体验等，以及文化传播新渠道，如互联网文化娱乐平台、书报刊数字化发行等。数字出版、动漫游戏、数字创意、数字内容等新兴文化产业由此产生。

（四）文化生产线

文化生产线是数字化文化生产闭环系统的细胞，是文化数据、文化科技、文化生产者等生产要素的配置主体。文化生产线越多，文化机构转型升级的成效越显著，文化生产力水平越高。博物馆、纪念馆、出版社、影视公司等传统文化机构，从采集藏品数据入手，发挥内容创作生产优势，加入文化数据的标注及解构和重构行列，是文化生产线的生力军。

体验性文化产品由文化生产线创作生产，守正是文化生产线的第一个特点，数据要保真、创作要严谨、互动要有序、内容要把关。人民信赖是每条生产线生存发展的根基。关联是文化生产线的第二个特点，包括业态之间有关联，内容之间实现关联，这是文化数据采用国际文献标识符关联标准的根本因素。文化生产线的第三个特点是互动，包括生产者和消费者的互动，也就是说在文化生产闭环系统中，消费者也可以变为生产者，生产者也会反过来成为消费者。端对端也可以实现互动，不管是移动端、PC端，还是电视端都可以互动。

线上线下一体化：体验园、体验馆、体验厅是规模不同的文化体验场所，以有线电视网络为纽带，将家庭、公共文化机构、学校幼儿园、社区、商场、景区链接在一起，实现线上线下一体化。

(五) 现代化文化生产体系

从供给侧入手，不仅挖出了文化"金矿"，而且重构了文化生产和消费系统，从而催生了现代化文化生产体系：

(1) 打通了事业和产业。由于文化遗产大多数集中在公共文化机构，属于公益性文化事业，需要建立有效的体制和机制，大规模推动文化遗产数字化，唤醒沉睡于仓库里的文化遗产，把文化遗产通过数字化转化为文化素材，成为文化企业的生产要素。这样做，实际上打通了公益性文化事业和经营性文化产业，使二者相互配合、相互促进：文化事业为文化产业提供原料、素材，文化产业的发展又反哺文化事业。

(2) 畅通了生产和消费。在现代化文化生产体系中，消费者可以成为专业性生产者，生产者也会转化为先导性消费者，这种角色转换越来越明显、越来越便捷，生产和消费畅通起来。

(3) 融通了文化和科技。文化数据的采集与清理、解构与重构离不开科技的支撑，科技的发明与迭代诞生于文化创作生产之中。

(4) 贯通了业态和门类。文化门类、文化业态很多，在目前文化行政分业的情况下，彼此却处于分割状态。在数字化、网络化、智能化技术条件下，将业态和业态之间、门类和门类之间贯通的途径就是"关联"，而"关联"的平台就在"云端"。在现代化文化生产体系中所创作生产的文化产品，都是体验性的，文化体验的样式丰富多彩，跨界将是常态，无界同样可期待。

在现代化文化生产体系中，将诞生成百上千条生产线，吸引成千上万家企业，聚合上千万生产者和上亿消费者，诞生万亿级规模的新产业。

总之，所谓文化，重要的是差异；而所谓科技，重要的创新。也就是说，没有差异，没有个性，也就没有文化存在的空间和必要。

二、文化与文化产业的发展

（一）文化产业快速发展，新业态蓬勃兴起

2019 年 11 月 20 日，《第四次全国经济普查公报》正式发布，在部分新兴产业基本情况中，文化及相关产业的数据也进一步公开。数据显示，截至 2018 年末，全国有文化及相关产业法人单位 210.3 万个，比 2013 年末增长 129.0%；从业人员 2055.8 万人，比 2013 年末增长 16.8%；资产总计 22.6 万亿元，比 2013 年末增长 118.3%。

其中，在全国经营性文化产业方面，2018 年末全国共有法人单位 194.8 万个，比 2013 年末增长 148.0%；从业人员 1912.0 万人，比 2013 年末增长 23.5%；资产总计 21.4 万亿元，比 2013 年末增长 124.5%；全年实现营业收入 13.0 万亿元，比 2013 年末增长 55.5%。

此外，2018 年末，全国有公益性文化事业（含社团）法人单位 15.5 万个，比 2013 年末增长 16.7%；从业人员 143.8 万人，比 2013 年末下降 32.1%；资产总计 11606.2 亿元，比 2013 年末增长 45.3%；全年支出（费用）3875.4 亿元，比 2013 年末增长 23.6%[①]。

（二）文化及相关产业企业营业收入快速增长

2020 年 2 月 14 日，国家统计局发布了 2019 年全国规模以上文化及相关产业企业生产经营数据。数据显示，在全面深化文化体制改革、不断提振文化消费需求的背景下，2019 年我国文化产业继续保持平稳较快发展，全国规模以上文化及相关产业企业实现营业收入 86624 亿元，比 2018 年增长 7.0%，结构不断优化，其中文化服务业增速最快[②]。

根据近五年来全国规模以上文化及相关产业企业相关数据，发现营业收入按可比口径计算都实现了较快增长。2015~2019 年全国规模以上文化及相关产业企业营业收入按可比口径计算的增长率分别为 6.9%、7.5%、10.8%、8.2%和 7.0%，见图 2-1。

---

① 卢扬，郑蕊 . 2018 年末全国文化及相关产业资产总计 22.6 万亿元 [N]. 北京商报，2019-11-20.

② 2019 年全国规模以上文化及相关产业企业营业收入增长 7.0% [EB/OL]. 新浪财经，http：//finnce. sina. com. cn /roll/2020-02-14/doc-iimxyqvz2728779. shtml.

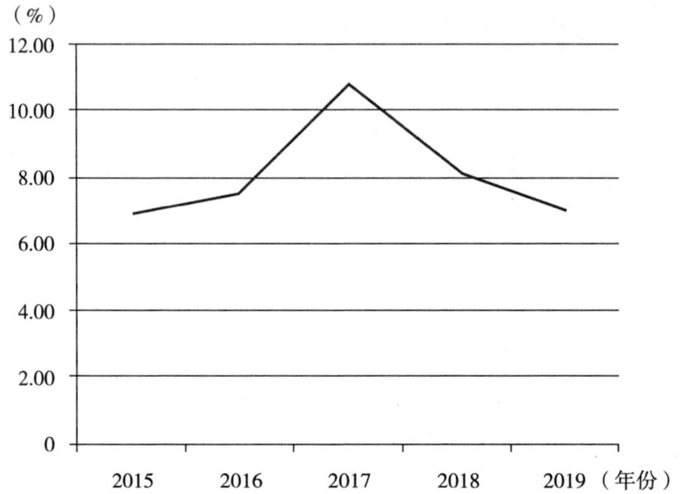

图 2-1　2015~2019 年文化及相关产业营业收入增长率

资料来源：中经文化产业。

文化行业全部实现正增长。在文化及相关产业九个行业中，新闻信息服务、文化投资运营、创意设计服务分别增长 23.0%、13.8%、11.3%，增速均超过 10%。文化投资运营和文化娱乐休闲服务增速由负转正，其中，文化投资运营由 2018 年下降 0.2%转为增长 13.8%；文化娱乐休闲服务由 2018 年下降 1.9%转为增长 6.5%。

文化新业态发展势头强劲。从文化及相关产业细分行业看，文化新业态特征较为明显的 16 个行业小类实现营业收入 19868 亿元，比 2018 年增长 21.2%，占比为 22.9%，比 2018 年提高了 2.1 个百分点。其中，互联网其他信息服务、可穿戴智能文化设备制造的营业收入增速超过 30%①。

文化服务业增速最快。文化服务业营业收入增速为 12.4%，分别比文化制造业、文化批发和零售业高 9.2 个和 8.0 个百分点；占比为 40.6%，

① 新业态特征明显的 16 个行业小类是：广播电视集成播控，互联网搜索服务，互联网其他信息服务，数字出版，其他文化艺术业，动漫、游戏数字内容服务，互联网游戏服务，多媒体、游戏动漫和数字出版软件开发，增值电信文化服务，其他文化数字内容服务，互联网广告服务，互联网文化娱乐平台，版权和文化软件服务，娱乐用智能无人飞行器制造，可穿戴智能文化设备制造，其他智能文化消费设备制造。

比 2018 年提高 2. 0 个百分点。

（1）分行业类别看。文化及相关产业九个行业的营业收入均实现增长。其中，增速超过 10%的行业有三个，分别是：新闻信息服务营业收入 6800 亿元，比 2018 年增长 23. 0%；文化投资运营收入 221 亿元，比 2018 年增长了 13. 8%；创意设计服务收入 12276 亿元，比 2018 年增长 11. 3%。

（2）分产业类型看。文化制造业实现营业收入 36739 亿元，比 2018 年增长了 3. 2%；文化批发和零售业收入 14726 亿元，比 2018 年增长了 4. 4%；文化服务业收入 35159 亿元，比 2018 年增长了 12. 4%。

（3）分领域看。文化核心领域实现营业收入 50471 亿元，比 2018 年增长了 9. 8%；文化相关领域 36153 亿元，比 2018 年增长了 3. 2%。

（4）分区域看。东部地区实现营业收入 63702 亿元，比 2018 年增长了 6. 1%，占全国比重为 73. 5%；中部、西部和东北地区收入分别为 13620 亿元、8393 亿元和 909 亿元，分别增长 8. 4%、11. 8%和 1. 5%，占全国比重分别为 15. 7%、9. 7%和 1. 0%。如表 2-1 所示。

表 2-1　2019 年全国规模以上文化及相关产业企业营业收入情况

产业类型	绝对额（亿元）	比上年增长（%）	所占比重（%）
总计	86624	7. 0	100. 0
按行业类别分			
新闻信息服务	6800	23. 0	7. 9
内容创作生产	18585	6. 1	21. 5
创意设计服务	12276	11. 3	14. 2
文化传播渠道	11005	7. 9	12. 7
文化投资运营	221	13. 8	0. 3
文化娱乐休闲服务	1583	6. 5	1. 8
文化辅助生产和中介服务	13899	0. 9	16. 0
文化装备生产	5722	2. 2	6. 6
文化消费终端生产	16532	5. 5	19. 1

续表

产业类型	绝对额（亿元）	比上年增长（%）	所占比重（%）
按产业类型分			
文化制造业	36739	3.2	42.4
文化批发和零售业	14726	4.4	17.0
文化服务业	35159	12.4	40.6
按领域分			
文化核心领域	50471	9.8	58.3
文化相关领域	36153	3.2	41.7
按区域分			
东部地区	63702	6.1	73.5
中部地区	13620	8.4	15.7
西部地区	8393	11.8	9.7
东北地区	909	1.5	1.0

注：①表中增速均为未扣除价格因素的名义增速。

②表中部分数据因四舍五入的原因，存在总计与分项合计不等的情况。

资料来源：国家统计局，http：//www. stats. gov. cn/tjsj/zxfb/202002/t20200214_1726365. html。

（三）文化产业与其他产业的关联性

文化及相关产业是指为社会公众提供文化产品和文化相关产品的生产活动的集合。文化作为产业，是各类相关产业的一个环节，文化跟经济的结合就是文化赋能产业，文化经济能对经济发展起到更大的赋能作用。通过文化赋能，使我们国家的实体经济能够提质增效，通过增加文化的元素，使它的质量和效率得到提高。经过这些年的发展，我们认识到，文化的发展必须要有科技的支撑。科技其实只是一个手段，由于它并没有将场景和经济紧密地结合，所以我们提出科技是支撑文化跟经济结合的一个桥梁，而不是一个终极，最终要跟经济结合。文化产业最核心的内容，一个是 IP，另一个是垂直运营。互联网平台的垂直运营就是 IP+互联网微平台+垂直运营的电商，以此为核心。

（四）文化与相关产业经济深度融合

从文化生产力的发展来看，从最初的社会文化事业，到现在比较系统的文化产业，再到下一步高度融合的文化经济发展，其核心是以技术为工具和载体，将文化生产力释放为特定的商业形态，促进交易的形成，实现两种效应的统一。从科技发展的角度看，从数字化到信息化再到智能化，文化始终是第一应用和深度融合的领域。因此，文化技术是以现代信息技术为依托的泛文化领域的工具集、载体集、格式集和交易集。

所有的制造产品，所有的经济里都应该含有中国文化的元素，有中国文化的烙印。由此，从现在开始就要大力提倡把中国文化跟经济的深度结合，从而能够形成文化与相关产业的经济，能够深入融合，能创新出一个中国文化来。经济能够创造新文化，是新文化的一个策源地。比如我们现在很多的大飞机、高铁，都是中国现代文化的一个表征，你不能说这个东西就是制造业，跟文化没有关系。所有的中国文化都是传统文化，都是五千年的文化，这种理解是错误的。

文化与相关产业经济深度融合，创新“文化中国”目前文化的格局，不论是做事业还是做产业，文化人自己基本上是在一个封闭的环境里做，如果不把它开放起来，至少在国内开放起来，形成一个融合的局面让文化跟经济深度融合的话，未来可能会失去这个机遇。

第二节　文化创意产业概念界定与文献综述

一、文献综述

文化创意产业（Cultural and Creative Industries）是一种在经济全球化背景下产生的、以创造力为核心的新兴产业，是强调一种主体文化或文化因素依靠个人（团队）通过技术、创意和产业化的方式开发、营销知识产权的行业①。

文化创意产业主要包括广播影视、动漫、音像、传媒、视觉艺术、表演艺术、工艺与设计、雕塑、环境艺术、广告装潢、服装设计、软件和计算机服务等方面的创意群体。中国近几年来文化艺术市场蓬勃发展、公共展演场地加大建设（如国家大剧院、798 艺术区）等，除在既有制造业的优势下寻找出路外，也开始重视文化创意产业的发展。“文化产业”“版权产业”“内容产业”“创意产业”等词汇在文献中大量出现，甚至混同使用。

（一）海外定义

文化创意产业在不同的国家有不同的定义，英国、澳大利亚、新西兰、新加坡等地区称为“文化创意产业”。

根据英国创意产业工作小组在 1998 年和 2001 年两次发布的《英国文化创意产业路径文件》，“那些源自个人的创造性、技能及智慧，通过对知识产权的开发和运用可创造潜在财富和就业机会的活动”统属创意产业，包括出版、音乐、表演艺术、电影、电视和广播、软件、互动休闲游戏软件、广告、建筑、设计、艺术品和古董交易市场、手工艺品以及时装设计在内的多种行业。创意产业并不是一个新创的产业，而是在传统产业中注入了知识产权、技术创新、文化理念的元素，以创意为卖点的产业。这个定义强调个人的创造力、个人的灵感、理念、技艺是创造价值的重心。

1998 年，新加坡出台《创意新加坡》的计划。在 2002 年，新加坡又公布了《创意产业发展战略》，将创意产业定义为“行业中的群体或个人的创造力和技术，通过知识产权的保障形成具有经济价值的产业”。在创造力和技术转化过程中，如果该创意无法通过企业行为在市场上出现或者通过企业行为创造就业机会，就称不上创意产业。新加坡将创意产业分为三大类 13 个行业（见表 2-2）。

---

① 对于文化创意产业，不同国家和地区或称为文化产业、创意产业、版权产业、内容产业等，分类也各不相同，在后文中详述。本书在引用原著时使用原著称谓，在统称中均称为“文化创意产业”。

表 2-2 国内外文化创意产业概念对比

国家或地区	概念	类别
英国	源于个人创造力、技能与才华，通过知识产权的生成和运用，具有创造财富和就业潜力的产业	13 大类：广告；建筑；艺术和文物交易；工艺品；设计；时装；电影；互动休闲软件；音乐；表演艺术；出版；软件；电视广播
美国	采用“版权产业”的界定方法，指生产和分销知识产权的行业	4 大类：①核心版权产业。主要包括广播影视业、录音录像业、图书报刊出版业、戏剧创作业、广告业、计算机软件和数据处理业等。②部分版权产业。如纺织、玩具制造、建筑业等。③发行类版权产业。主要包括书店、图书馆、电影院线和相关的运输服务业等。④版权关联产业。包括计算机、收音机、电视机、音响设备等产业
日本	采用“感性产业”的界定方法，指感动人心的产业	3 大类：内容产业；休闲产业；时尚产业
北京	以创作、创造、创新为根本手段，以文化内容和创意成果为核心价值，以知识产权实现或消费为交易特征，为社会公众提供文化体验的具有内在联系的行业集群	9 大类 13 个行业：文化艺术；新闻出版；广播、电视、电影；软件、网络及计算机服务；广告会展；艺术品交易；设计服务；旅游、休闲娱乐；其他辅助服务
中国香港	源自个人创意、技巧及才华，通过知识产权的开发和运用，具有创造财富及就业潜力的行业	11 大类：艺术品、古董及工艺品；文化教育及图书馆、档案保存和博物馆服务；表演艺术；电影及录像和音乐；电视及电台；出版；软件、电脑游戏及互动媒体；设计；建筑；广告；娱乐服务
新加坡	行业中的群体或个人的创造力和技术，通过知识产权的保障形成具有经济价值的产业	3 大类 13 个行业：第一类为艺术与文化。包括摄影、表演及视觉艺术、艺术品与古董买卖、手工艺品。第二类为设计。包括软件设计、广告设计、建筑设计、室内设计、平面产品及服装设计。第三类为媒体。包括出版、广播、数字媒体、电影

续表

国家或地区	概念	类别
中国台湾	源于创意和文化积累，通过对智慧财产的形成与运用，具有创造财富与就业机会的潜力，并促进整体生活提升的行业	13大类：数字休闲娱乐；视觉艺术；出版；音乐与表演艺术；文化展演设施；工艺；设计品牌时尚产业；电影；广播电视；广告；设计；创意生活业；建筑设计

资料来源：笔者根据相关资料整理而得。

而在美国、加拿大等地区，文化创意产业通常被表述为“版权产业”，该产业是由以艺术为中心的创意产业和以创意为中心的版权产业共同构成；由此含义可以看出，艺术和版权是创意产业的核心，与此相关的都包含在创意产业中。《美国经济中的版权产业：2004年报告》中定义的版权产业主要包含核心版权产业、发行类版权产业、部分版权产业、版权关联产业（见表2-2）。

2006年，联合国教科文组织定义文化创意产业为：结合创意生产和商品化等方式，运用本质为无形的文化内涵，这些内容基本上受著作权保障，形式是物质的商品或非物质的服务。除了国际组织、各国和各地区政府的定义外，国外一些学者也对文化创意产业的界定问题做了研究。

R. E. 凯夫斯在《创意产业经济学》中阐述了“创意产业”（Creative Industry）的定义：从创意产业所提供的产品的特征——具有文化价值、艺术价值或是单纯的娱乐价值——来划定了一个大致的产业范畴，但他并没有给创意产业一个明确的概念。凯夫斯眼中的创意产业就是从创意角度对文化产业进行研究，创意就是“艺术创造”，其核心在于行为规律和组织模式的特殊性。

约翰·霍金斯（2001）在 *The Creative Economy: How People Make Money from Ideas* 中，把创意产业界定为“其产品都在知识产权法的保护范围内的经济部门区域内，以创意资本的投入把所有产业联系在一起”。知识产权主要包括基于专利（Patent）、版权（Copyright）、商标（Trademark）和设计（Design）四项产业而产生的智慧财产。每一类都有自己的法律实体和管理机构，每一类都产生于保护不同种类的创造性产品的愿望。霍金斯认为，知识产权法的每一种形式都有一个庞大的工业与之相对应，加在一起，

“这四种工业就组成了创造性产业和创造性经济”。简言之，创意产业指一系列关于知识和信息产生或散播的经济活动，其形式多样，包括文化产业或者创意经济。

目前，国际上对创意产业比较权威的定义是：通过创意与技术的充分开拓和利用，附以知识产权的开发和应用，分配具有社会、经济及文化意义的产品与服务，成就一个创造财富与就业的生产系统。

（二）国内界定

近年来，国内不少学者对文化创意产业进行了研究，很多地方政府也出台了关于文化创意产业发展规划、分类标准等文件，其中大多是对国外创意产业的介绍。蒋三庚在《文化创意产业研究》中，比较了世界各个国家和地区对文化创意产业概念认识的异同，但是并未提出自己的观点。

“文化创意产业”的提法最早出现在中国台湾。台湾地区把文化创意产业定义为：源于创意与文化积累，通过对智慧财产的形成与运用，具有创造财富与就业机会潜力，并促进整体生活环境提升的行业。文化创意产业主要包括 13 个行业：视觉艺术业、音乐与表演艺术业、文化展演设施业、工艺业、电影业、广播电视业、出版业、广告业、设计业、数字休闲娱乐业、设计品牌时尚业、建筑设计业、创意生活业（见表 2-2）。

在张京成主编的《中国创意产业发展报告（2006）》中，根据我国实际，把创意产业分为八个大类，分别是：工业设计类、影视艺术类、软件服务类、流行时尚类、建筑装饰类、展演出版类、广告企划类和运动休闲类[①]。从创意产业特征的角度，张京成（2006）认为，“创意产业是具有一定文化内涵，来自人类的创造力和聪明才智，并通过科技的支撑作用和市场化运作可以被产业化的活动的总和”。

金元浦（2005）指出，文化创意产业是在全球化条件下，根据现代精神文化娱乐消费需求，通过高科技技术手段支撑，以网络等最新传播方式为主导，以文化艺术与经济、科技全面结合为自身特征的新兴产业。

刘义（2011）认为，文化创意产业是指依靠人的智慧、技能和天赋，借助高科技对自然资源和文化资源进行创造与提升价值的过程。通过知识产权的开发和运用，产生出高附加值的产品、具有创造财富和就业潜力的

① 张京成．中国创意产业发展报告（2006）［M］．北京：中国经济出版社，2006.

产业。

北京市是较早组织力量对文化创意产业进行研究的城市，2006 年，北京市统计局发布了《北京市文化创意产业分类标准》①。将文化创意产业定义为：以创作、创造、创新为根本手段，以文化内容和创意结果为核心价值，以知识产权实现或消费为交易特征，为社会公众提供文化体验的具有内在联系的行为集群。通过对国内外文化创意产业概念的界定和相关文献的梳理不难发现，在目前的理论界，对文化创意产业的概念表述不尽统一，分类也比较模糊，即使在一些政府文件中对文化创意产业的内涵和外延做出了界定，笔者认为仍存在不尽合理之处。

笔者认为，“文化创意产业”应该理解为是“文化”和“创意”并列作为定语来修饰“产业”的，即“文化创意产业”是“文化产业”和“创意产业”的总和，是传统文化和现代文化的融合，也是文化和科技的融合。这样理解的“文化创意产业”能涵盖更为广泛的文化经济活动，也解决了现在“创意产业”和“文化创意产业”两种提法之间的争论。“文化创意产业”应该指依靠创意人的智慧、技能和天赋，借助于高科技对文化资源进行创造与提升，通过知识产权的开发和运用，产生出高附加值的产品，具有创造财富和就业潜力的产业。人才、企业和技术三要素，缺一不可，而核心在于“创造力”。

二、本书的观点

联合国、中国、欧盟、韩国等均采用文化产业这一称谓；英国与大部分英联邦国家及其相关地区（如新西兰等）则主要称之为文化创意产业；美国、加拿大等北美国家采用的北美产业分类系统（NAICS）中的版权产业主要包括信息和文化产业（一级编码 51）、艺术娱乐和休闲业（一级编码 71）中的部分产业，与上述国家和地区的文化创意产业涵盖范围相似；而互联网时代形成的“内容为王”的理念也催生了内容产业这一概念的提出，日本等国家也予以界定（如 2004 年颁布的《内容促进法案》）（厉无

① 北京的文化创意产业分类与国家统计局分类略有不用，包含软件网络计算机等 13 个统计门类。

畏，2006；蒋三庚等，2006；牛维麟等，2009）①。上述概念之间意义虽有不同，但并无本质区别，只要能较好地界定文化创意产业的门类和统计口径，有助于进行产业间比较和城市、国家间比较即可。

“文化创意产业”主要是指文化产品的创作性阶段，是以完成“创意”为根本目标的活动。就其所指而言，“创意”更为抽象而“文化”相对专门；就其属性而言，创意产业更接近经济学而文化产业更接近价值、意义和意识形态；就其使用而言，创意产业更受欢迎而文化产业易引疑虑。“创意”的资源是文化，但“创意”行为本身却不像“文化产业”那样拥有源远流长的理想和规范意义②。从概念上来看，“文化创意产业”比“文化产业”或“创意产业”更有包容性，从形式上涵盖了这一类产业最核心的两个资源要素——创意（个体）和文化（整体）。

文化创意产业是一个既融合又独立的复杂产业体系，但到目前为止，由于其广泛丰富的产业内涵与快速多变的生产形式，使人很难对它有一个全面正确的认识。为此，笔者在总结前人研究的基础上，对文化创意产业的特征进行了归纳和总结，认为“文化创意产业”应该具备以下五个主要特征属性：①创新性。这是创意的内在要求和本质特征。②文化性。“文化”这一特性可以使我们明确区分“文化创意产业”和“科技研发”等其他同样带有“创新性”的产业。以文化和创意为基础，是特定行业人类知识、智慧和灵感的物化表现。文化创意产业依靠高新技术创造和推广文化资源。③产业性。这一特性可以使我们明确区分现代的“文化创意产业”和以前附属于其他产业的“文化创意活动”。④交互性。消费者与创造者之间复杂的交互关系是文化创意产业的另一大特征。⑤融合性。文化创意产业作为一种新兴的产业，是经济、文化、技术等相互融合的产物，具有高度的融合性、较强的渗透性和辐射力，为发展新兴产业及其关联产业提供了良好条件。

部分学者主张将任何形式的具有创造性和创新特征的产业统统归结为创意产业，并据此认为在称谓上应以“创意产业”代替“文化创意产业”。笔者认为，将创意界定于社会文化领域，将其与科学技术领域的创造和经

① 黄斌．北京文化创意产业空间演化研究［D］．北京大学博士学位论文，2012.

② 单世联，岑光波．文化产业与文化创意产业理论研究［J］．中原文化研究，2017（2）：40-47.

济商务领域的创新区别开来，这对于发现和研究文化创意产业的独特价值、推动和扶持文化创意产业的发展都是十分必要的，应保留目前文化创意产业的称谓，以突出创意的文化特征。

三、文化创意产业的具体界定

文化创意产业（Cultural and Creative Industries）是一种在经济全球化背景下产生的以创造力为核心的新兴产业。2006 年 12 月，北京继香港、台湾之后，成为我国第三个制定文化创意产业分类标准的城市。

如果说国家统计局发布的文化产业标准反映的主要是文化和经济的融合，北京市文化创意产业的定义则更进一步关注了科技发展对文化、经济活动的深刻影响，更加强调文化、技术和经济三者的深度融合，其范围既包括文化产业的全部内容，同时也包括文化产业以外的科技创新活动内容。

北京市文化创意产业范围包括《国民经济行业分类》中的 82 个行业小类和六个行业中类，并建立了由三个层次组成的分类体系。

根据文化创意活动的特点，北京市文化创意产业中九个大类指的是文化艺术，新闻出版，广播、电视、电影，软件、网络及计算机服务，广告会展服务，艺术品交易，设计服务，旅游休闲娱乐服务以及其他辅助服务。每个大类下又划分 27 个中类及若干小类。例如，文化艺术包括文艺创作、表演及演出场所、文化保护和文化设施服务等五个中类以及文化艺术经纪代理等 12 个小类。此外，《标准》还对仅有部分活动属于文化创意产业的行业进行了详细划分。

无论是“文化产业”还是“文化创意产业”，两者概念大同小异，并没有实质性差别，文化产业带有更多的本土特征，文化创意产业则突破了传统产能的局限性，在产业链延伸拓展方面发挥了创新推动作用。它们都包含了如艺术、古董、工艺、音乐、表演艺术、数字娱乐、电影与录像带、软件与计算机、电视与广播、广告、建筑、设计、出版、创意生活等。

第三节　北京发展文化与文化创意产业的背景

北京作为中国文化的中心，其城市文化产业浓度无可匹敌，在资源、政策等多方面具有得天独厚的发展优势，看文创发展，研究北京市场的发展情况，对推动我国文化创意产业的有效可持续发展，传承与发扬中国文化，有举足轻重的标的作用。

一、外因：英国创意产业成功经验的启示

研究文化创意产业，必须先了解创意产业。英国最早提出“创意产业”概念，并对其实施政策性推动。1997 年，以“新英国”为执政理念的托尼布莱尔入住唐宁街，主张“通过英国引以为豪的高度革命性、创造性和创意性来证明英国的实力”，明确创意产业的突出地位。

（一）英国发展创意产业的概念与分类

1998 年正式确立了创意产业这一专有名词，2001 年则进一步做出了明确定义，即创意产业是指那些源于个人创造性、技能和才华的产业，这些产业通过知识产权的生成与开发具备了创造财富与就业的潜力。其外延由 13 个门类组成，包括广告、建筑、艺术和文物、手工艺品、设计、时装设计、电影与视频、互动休闲软件、音乐、表演艺术、出版、软件和计算机服务、电视广播。从定义中可以看出，创意产业有两大特征：一是个人创意为动力；二是知识产权为保障。据此定义，英国将“创意产业”细化为 13 个大类（见表 2-3）。

经过多年的发展，英国的创意经济成就突出。2018 年 11 月英国官方数据显示，2017 年英国创意产业产值创纪录地突破 1000 亿英镑（约合 8700 亿元人民币），对英国经济总量的贡献约为 14.6%，是仅次于金融业的第二大支柱产业，其产业增速约为 2010 年以来经济增长率的两倍。英国宣称：“英国已重返全球软实力指数第一位，其增长由创意产业推动的。”①

① 孙晓玲. 佩奇后，戴森为什么又火了？[EB/OL]. 中国金融信息网，http://www.xinhuao8.com/page15? article_id=97，2019-10-08.

表 2-3　英国发展创意产业的分类

分类	具体行业	核心活动
产品行业	电影与录像	电影剧本的创作、制作、分销、展演
	电视与广播	节目制作与配套（频道、销售、资料库），广播（媒体销售与节目单），传送
	出版	原创，书籍出版：教育类、儿童类、一般类，学习类期刊出版，杂志出版，报纸出版，数字内容出版
	互动休闲软件	游戏开发、出版、分销、零售
	时尚设计	服装设计、展览用服装的制作、咨询与分销途径
服务行业	音乐	作词与作曲，录音产品的制造、分销与零售，录音产品与作曲的著作权管理、翻录及促销、现场表演（非古典）管理
	建筑	建筑设计，信息制作，计划审批
	设计	设计咨询（新产品开发、信息设计、企业形象、品牌识别等），环境设计与室内设计，工业零部件设计
	广告	消费者研究，消费者品味与反应识别，客户市场营销计划管理，广告创作，促销，广告资料生产，购买与评估，公关策划，媒体策划
	软件设计	软件开发：合约、解决方案、项目管理、系统整合、基础设计、软件结构与设计、系统设计与分析、系统软件
艺术和工艺行业	工艺	珠宝与银器、陶瓷、玻璃、金属、纺织品等的创作、生产及演示
	表演艺术	内容原创，戏剧、歌剧、音乐剧、当代舞蹈和芭蕾的现场表演，表演制作，服装设计与制作，旅游，灯光音响
	艺术与古玩	艺术品古玩交易，包括纸质作品、雕塑、绘画、其他艺术（如编织）、家具、其他大量生产品（如大量生产的玩偶、玻璃制品、陶制品、包装材料、广告、玩具屋等）、纺织原料、女装设计、签名、古玩、金属制品、地图、书籍、装订等零售，包括通过专家现场会、拍卖会、画廊、互联网、百货商店、仓储店、专门店的零售

资料来源：笔者根据相关资料整理。

如今，从创意经济占国家 GDP 总量的比例来衡量，英国拥有欧盟最大的创意产业；从绝对数量上看，英国是文化产品和服务出口最成功的国家。2014 年，英国在“全球创新指数”排名中跃至第二位，这一指数由世界知识产权组织、康奈尔大学和英氏国际商学院共同发布。英国创新中介机构 NESTA 于 2015 年初发布了一份报告，第一次对英国的创意和高科技经济领域的就业情况以及创意产业的规模、增长和在英国各地的分布进行了系统的剖析。研究显示，英国的创意经济在 2013 年为英国社会提供多达 260 万个就业机会，创意产业的就业岗位占据英国就业的 5.6%。英国在发展文化产业方面，有着悠久历史，其成功经验颇有可取之处。

（二）多项政策扶持和推动

英国是世界上第一个运用政策推动文化产业发展的国家，多年的实践证明，英国的文化发展政策和经济结构调整政策顺应了世界经济发展潮流，取得了巨大的成功。

英国的文化产业政策由创意产业特别工作小组（CITF）负责制定。1993 年，英国发布了《创造性未来》报告，第一次以官方文件的形式颁布了国家文化发展战略。自此，CITF 在大量研究的基础上，根据产业的实时发展情况前瞻性地推出新的政策，且后来的实践均证实了政策的有效性。英国文化产业政策制定的前瞻性、方向性、指导性和有效性以对产业现实发展的精准把握为基础，这种把握得益于政府对基础理论研究的重视以及中介组织所提供的咨询服务。

（三）多项举措解决融资问题

由于具有规模小、盈利前景不明朗以及轻资产等特点，文化产业一直受到资金短缺的困扰，难以从金融市场上获取资金。英国文化产业的成功建立在公共和私人投资的结合上，采用“三三制”的资本结构来发展文化产业：1/3 由政府财政拨款；1/3 来自社会资金，包括彩票收入、社会捐助、银行信贷和风险投资等；1/3 来自企业组织的自身活动所得，如门票收入、场地租用费等。

政府财政支持一直以来都在英国文化产业的发展中发挥着极其重要的作用，有利于在压力和风险之下为个体提供更为广阔的空间与条件；除提供资金支持外，政府还在如何获取资金等方面提供咨询服务；同时，掌握大量社会资金的慈善组织与企业建立合作关系，也是英国文化产业资金融通的一个重要途径。企业通过与志同道合的组织建立互利互惠的合作关系，以确保每个企业实现在企业社会责任、市场营销和人力资源（招聘）

方面的目标。

英国对创意人才的培养是从基础抓起且多路径的。从小学开始就一直给学生设置多种艺术课程，这些课程并不设置考试也没有考级导向，完全是为了培养孩子的艺术鉴赏力、创造性和创新力，这对于整个国家文化产业的发展、文化市场的培养都有着深远的影响。

（四）打造新型文化产业智库

英国文化产业的管理体制分为中央政府部门—半自治非政府组织—各行业性联合组织三层。其中，半自治非政府组织处于中间层，主要职责是为政府制定政策提供咨询，对文化拨款进行分配和评估，协助政府制定并具体实施相关政策，对文化机构进行评估、拨款，为各行业性联合组织提供专业咨询和服务。它实际上发挥着文化产业智库的作用，如英国艺术委员会、英国电影委员会、英国国家科技艺术基金交流会等。这些机构由于长期地直接与文化企业、各类组织及各行业性联合机构打交道，深入了解本国文化产业发展现实，其工作往往卓有成效。英国政府也一直高度重视此类智库机构的建设，如 2018 年 9 月，在英国国家科技艺术基金会交流会的牵头下，设立了一个新的政策和证据中心，该中心致力于提供独立的研究和权威建议，以协助英国文化产业政策的制定，推动行业持续繁荣。

（五）重视文化产业数据库建设

英国文化产业对数据统计、整理较为重视，全面、及时且描述到位，这使得其产业政策制定能够紧密结合现实，富有针对性。DCMS[①] 在其网站上不断更新其主管行业的经济数据，包括描述现状的各项数据指标、政策及对外贸易等情况。在现行发布的 DCMS 经济评估报告中详细列示了文化产业分地区、分行业的数据，不仅有数据指标，还有对现实情况的描述。每年年初，大家均可以查阅到上一年完整的产业发展数据和各项分指标的详细报告。除此之外，还有专门对统计方法说明的报告，详细说明了每项数据的具体含义、整理方法以及前后变动情况等；在统计口径、统计方法发生变动时，还会根据新的口径、方法对之前的数据进行调整。

① 1997 年布莱尔上台后，创立英国文化、媒体和体育部（DCMS），内设创意产业工作组（Creative Industries Task Force），大力推进了创意产业发展。

二、内因：北京自身的优势及条件

北京作为全国文化中心，自2006年在全国率先提出发展文化产业以来，始终秉持高度的文化自觉和文化自信，坚持深入推进文化体制机制创新，持续提升发展质量和效益，多年来文化产业增加值占比和增速保持全国领先，有力助推了全市经济转型升级。

文化产业作为首都经济的重要支柱产业、增强全市人民获得感的幸福产业，已成为助推北京高质量发展的重要引擎，在构建“高精尖”经济结构、推进全国文化中心建设进程中发挥了重要支撑作用。

（一）北京文化产业高质量发展

文化产业高质量发展可以分解为：“减量发展”“绿色发展”“创新发展”。截至2018年底，北京市实有企业中文化及相关产业企业共有32.8万户，日均新增登记119.3户，重点文化产业门类市场主体发展活跃。

2018年，北京市是两个“全国第一”：一是人均GDP为2.13万美元，二是全员劳动生产率达到人均24万元。2019年，在经济下行压力下，北京市文化产业仍然保持了良好发展态势，1~11月规模以上法人单位实现收入11146.2亿元，同比增长8.3%；其中，文化核心领域实现收入9921.4亿元，同比增长达10.1%。

在北京市的高质量发展之下，我们要推动文化产业的高质量发展，尤其是我们在全国文化中心建设这个大格局下推动文化产业的高质量发展。

（二）北京具备发展文化产业扎实的物质基础

文化产业已经成为首都经济高质量发展的重要动力。2018年，全市规模以上文化产业法人单位实现收入突破万亿元，达到10703亿元，同比增长11.9%，是2013年的两倍。2019年1~6月，文化产业继续保持较快增长，全市规模以上法人单位实现收入5818.8亿元，同比增长9.1%。文化产业成为仅次于金融业之后的重要支柱产业。文化产业作为首都经济的重要支柱产业、增强全市人民获得感的幸福产业，已成为助推北京高质量发展的重要引擎，在构建“高精尖”经济结构、推进全国文化中心建设进程中发挥了重要支撑作用。

（三）文化资源优势

北京是全国文化中心，有得天独厚的文化资源优势。这些资源优势的利用促进了产业优化发展，具体体现在以下四个核心优势上：

第一，影视、出版发行资源优势。内容供给方面，北京市创作生产的电影数量几乎占全国的一半，2018 年生产影片 410 部，立项备案影片 1100 余部；制作电视剧 51 部 2325 集，占全国总量近三成，其中不乏老百姓喜闻乐见的影视作品；2018 年北京市演出市场再创新高，演出场次为 24684 场，观众人数达 1120.2 万人次，票房收入增至 17.76 亿元，而这些都是过去从来没有过的。2019 年度票房前十名电影中，国产电影稳占八席，总票房达到 226.21 亿元，覆盖了动画片、科幻片、公路片、青春片以及国庆献礼等多种题材和类型，其中很多的电影都是由北京的公司投资、制作、发行的。

第二，信息资源优势。北京市文化局数据显示，动漫、游戏等领域发展尤为迅速。动漫、游戏行业的数字显示，2018 年北京动漫游戏产值达 710 亿元，相比 2017 年增长约 13%。原创研发动漫游戏企业出口产值大幅增长，达到 182.47 亿元，比 2017 年增长约 57%。北京动漫游戏产值已占全国行业产值近 1/3。原创研发企业的网络游戏出口金额达 116.09 亿元，同比增长约 93%。北京涌现出的知名动漫游戏企业和优秀产品形成了包含创作、出版、运营、发行以及产品开发的全产业链，成为全国动漫游戏产业的研发中心。

媒体融合领域的绝对领先地位使得北京可以发挥各国各级各类媒体在京聚集优势，充分运用数字传媒、移动互联等科技手段，构建立体、高效、覆盖面广、功能强大的国际传播网络。北京还是短视频、自媒体、知识付费等新业态创业公司的聚集地，在“互联网+”的融合业态发展趋势中，北京具备良好的发展空间，可以对此进行有针对性的培育，在内容产业上建立起产业集群。

第三，创意设计服务的渗透和支撑能力凸显。创意设计当前以其高知识性和高附加值的特点，一方面实现着自身的快速发展，另一方面也为其他行业领域不断创造新的价值。2019 年 1～11 月，北京市规模以上创意设计服务业实现收入 2490.9 亿元，已成为九大行业中仅次于新闻信息服务的第二大支柱。领军设计机构、高端设计人才、专业化设计园区，开展北京市设计创新中心认定，支持创意设计类，众创众包服务平台建设等方面全国领先。

第四，文博资源优势。截至 2018 年，北京拥有 157 家博物馆，位居世界前列。故宫博物院的文创产业实现了文博资源的新开发、新利用、新传播。《我在故宫修文物》成为网络热播视频，各种高水平的展览吸引人们“故宫跑”，朝珠耳机等文创产品热销。从故宫的成功案例中我们可以发现，北京的文博资源可待开发的潜力非常大，只有秉承传统文化底蕴对文博价值进行新时代的表达，文化艺术领域的文创价值才会被激发。

在文博非遗方面，文博非遗领域符合北京 800 余年古都的深厚文化底蕴。中央强调让文物活起来，为此，2016 年出台了《关于推动文化文物单位文化创意产品开发的若干意见》，故宫等单位也在进行艺术衍生品开发，市场拓展取得了较好的成绩。2018 年 6 月，北京市八个部门联合出台了《关于北京市文化文物单位文化创意产品开发试点工作的实施意见》，在薪酬激励、人才流动等方面进行了体制机制的创新，从文化创意产品开发取得的净收入中提取 70%的奖励给工作人员，极大地激发了文化文物单位的活力。

艺术品交易方面，北京的文物艺术品交易总额占全国总额的 70%左右，处于中国艺术品交易中心的地位，艺术品投资和消费的大众化也已成为潮流趋势，具有巨大市场空间；文创智库则主要考虑北京的智力资源优势，推动智库产业发展，可以整体带动文化创意产业提质增效。

（四）北京具有发展文化创意产业的先天优势

北京是一座有着 3000 余年建城史、800 余年建都史的历史文化名城，丰富的历史文化资源和千百年民族文化根基都为文创产业发展创造了条件。除却千百年来的历史文化积淀，北京的科技、教育资源丰富，高校林立，人才密集。同时，作为国家首都，北京在城市功能定位上是全国文化中心，在城市规划布局、资金资源等方面也集聚了一系列优势资源，主要表现在以下几个方面：

（1）深厚的文化积淀和传统。北京拥有深厚的历史文化底蕴，是中国的经济、文化、科教中心，有着发展文化创意产业的基础和资本。由于其特殊的政治地位，能最先掌握国际、国内动态，大量的政治会议和文化交流活动能拉动北京文化行业的发展。深厚的文化积淀和优秀的文化传统，是北京发展文化创意产业所独有的宝贵财富与比较优势。

（2）文化科技支持。文化创意产业是文化科技与艺术相结合而形成的一种产业形态，其发展必然离不开科技的支撑。这是因为：其一，科技可以促进更多文化创意产业新业态的产生；其二，科技促进了文化创意产业发展水平和效率的提高。北京全社会 R&D 经费投入强度稳居全国之首，基础研究经费占全国比重保持在两成以上，技术合同成交额占全国比重保持在三成以上。北京作为全国的文化、教育中心，不但拥有大量的几乎囊括所有种类的教育和科研机构，并且聚集了全国的名牌学府，造就了一大批各式各样的人才。另外，全国各地的众多人才院校、国家重点学科和重点实验室都设立在北京。

（3）文化创意人才资源丰富。做媒体、做文化的制片人、编剧都云集北京。节目做好之后，卖给北京媒体，中央电视台、北京电视台基本上可以回收资金，可以说北京市场容量有利于传媒、文化企业发展。北京还有一个优势，就是作为一个移民性城市，有各地的不同层次的人才，这种移民文化和人才资源让创意产业发展拥有先天性的优势。

（4）文化机构和文化设施一骑绝尘。北京文化资源丰富、文化设施齐全，文化机构和设施在数量上也远远超过国内其他城市，同时拥有全国最大、最集中、最具潜力的文化市场。北京市第四次经济普查数据中有这样几组数据值得关注：一是全国文化产业总收入 13.7 万亿元，北京市是 1.3 万亿元，占全国的 1/10；二是规模以上企业创意设计收入 2790 亿元，占全国的 1/4；三是影片的成片产量 2017 年占全国近一半；四是版权登记数量占全国四成，2017 年是 97 万件；五是广告经营额占全国的 1/4；六是劳均产出 181 万元。

（5）先发的产业优势。北京文化创意产业的良好发展，使其成为国内为数不多的文化创意产业先发地区。经过近年来的培育发展，北京文化创意产业门类齐全，集聚加速，部分行业优势突出。2019 年，北京首批认定 33 家文化创意产业园区，开启了文化产业高质量发展。以互联网信息服务业为龙头，北京的信息服务产业发展势头迅猛；中国国际动漫节、西博会等已成为国内知名的会展品牌；数字电视业全国领先；休闲旅游优势明显。先发的产业优势为北京发展文化创意产业奠定了扎实的基础，主要表现在如下方面：一是快速增长的产业规模，二是层次分明的产业结构，三是科学合理的发展目标，四是明显增强的文化效应。

综上所述，北京深入贯彻落实党中央决策部署和习近平总书记重要讲话精神，牢牢把握首都城市战略定位，按照全国文化中心建设“一核一城三带两区”总体框架要求，大力推进文化产业质量变革、效率变革、动力变革，实现高端化、融合化、集约化、国际化发展。

抓住新的历史机遇，依托科教、文化和人才荟萃的优势，以科技和文化为新的引擎，以创新、创造为核心，推动经济发展方式的进一步转变，促进首都经济又好又快发展，为北京发展文化产业提供了广阔的空间。可以说，北京发展文化产业有条件、有基础、有规模、有特点、有前途。

第四节　推动文化与文化创意产业高质量发展

一、文化产业发展趋势分析

（一）利好政策支持发展

2017 年 4 月，文化部印发《文化部“十三五”时期文化产业发展规划》（以下简称《发展规划》）。《发展规划》指出，到 2020 年，文化产业整体实力和竞争力明显增强，文化产业成为国民经济支柱性产业；现代文化产业体系和现代文化市场体系更加完善，文化产业结构布局不断优化，文化产业对相关产业的带动和提升作用充分发挥；“十三五”期间，培育一批具有核心竞争力的文化企业，打造一批具有较强影响力的文化产品和品牌，支持实施一批具有较强带动作用的重点文化产业项目，创建一批具有显著示范效应的国家级文化产业园区等。

（二）数字文化产业多元化蓬勃发展

近年来，中国数字文化产业快速发展，结合云计算、大数据、物联网、人工智能与“互联网+”等技术的广泛应用和推动，涌现出诸多适合新一代群体需求的动漫、游戏、网络影视剧、视频、直播、虚拟现实、增强现实和混合现实等新兴文化业态，文化产业结构从产业链到价值链不断优化升级，中国文化产业的影响力和市场竞争力日益提升。

数字文化产业凭借其迅捷化、便利化、个性化、差异化、视听奇观化等消费特点，日益融入新一代年轻大众群体的日常生活，成为引领文化产业发展的全过程、全领域的重要力量，在助力中国文化产业向更高质量发展的同时，也给科技和文化的融合带来巨大发展空间。

随着数字化技术应用愈加普及，文化产业基于数字化互联网的个性化定制、精准化营销、协作化创新、网络化共享等新型文化生产经营方式、文化业态以及多元化商业模式不断涌现创新，成为文化产业发展的新动能，推动文化产业提质增效加速驶入快车道。

（三）“互联网+”带来的产业机遇

1. 互联网加速文化产业形态外延拓展

在“互联网+”背景下，文化产业与互联网逐渐走向深度融合，极大丰富了文化产业的内涵与外延，一个与传统文化产业链表现形态不同的全新的文化产业链逐步开始形成。

2. 互联网激发文化产业消费意愿

互联网近年来已经成为人们各类文化消费的重要途径，文化与互联网的融合，激发了人们的互联网文化消费意愿，由此产生的需求增长进一步推动文化产品供给，进而刺激市场繁荣，对文化产业的发展形成良性驱动。

3. 互联网打破文化领域产业壁垒

主要体现在如下几个方面：互联网推动文化产业主动与其他产业融合发展，将文化产业的理念带入其他行业；互联网推动其他产业进入文化产业领域进行发展；互联网促进文化产业内部细分部门之间的融合发展。

以互联网为代表的新业态、新兴产业正在兴起。互联网带动了整个产业形态、生产形式、组织方式、商业模式等的深刻变革，强化了产业链不同环节之间以及不同产业链之间的互动关系，不断发生的分化、融合、跨界、变异以及与信息技术的嫁接等新业态的全面融合和新技术的广泛应用，催生出更多的新业态①和新商业模式②，推动我国数字文化产业快速

---

① 新业态：指顺应多元化、多样化、个性化的产品或服务需求，依托技术创新和应用，从现有产业和领域中衍生叠加出的新环节、新链条、新活动形态。其特点是：针对特定消费者的特定需求，有选择地运用商品经营结构、店铺位置、店铺规模、店铺形态、价格政策、销售方式、销售服务等经营手段，提供销售和服务。

② 新商业模式：指为实现用户价值和企业持续盈利目标，对企业经营的各种内外要素进行整合和重组，形成高效并具有独特竞争力的商业运行模式。简单地讲，商业模式就是企业或公司是以什么样的方式来盈利和赚钱的。构成赚钱的这些服务和产品的整个体系称为商业模式。

发展。

（四）文化产业新业态日益细化文化市场

“文化产业新业态”有以下几个特点：第一，文化产业新业态是文化内容、资本和科技结合的产物，但是关键还是在于内容；第二，文化产业新业态是先进技术糅合了传统的文化艺术因子，当今文化资源的开发利用应建立在高新技术的载体平台上；第三，文化产业新业态要有新的管理模式和新的商业模式。

“文化产业新业态”是在数字化、互联网等高新技术支持下，当代时尚生活潮流推动发展的新文化业态。首先，数字化高新技术推动传统、常态的文化创意产业向高端变革，催生了大量的创意设计、动漫、网游、互联网经济、现代会展业、现代广告业、电子（数字）商务、网络电视台等新业态。其次，新媒体和新行业的出现，让互联网平台变成文化企业发展基础设施，使其实现了可移经营的目标。如目前猪八戒网服务范围涵盖 25 个国家和地区的 1600 万文化创意人才及机构，超过 100 万以上创业者个人转变成为工作室或机构，其中 15 万家已转型成为公司。

随着文化业态的多元化，新商业模式正日益细化文化市场，满足个性化消费人群需求成为新的竞争方向。如随着云计算、VR、AI 等新型技术的不断演进，互联网巨头企业竞相布局，影游漫文教联动和产业融合将成为趋势；移动电竞、互联网影视成为新的探索点。

二、促进文化与文化创意产业建设的必要性

（一）文化与文化创意产业是时代发展和技术创新的需要

随着科学技术的不断发展，传统文化消费方式已难以满足当今的消费需求，因此为升级文化消费新市场，文化创意产业的创新发展应运而生。文化消费需要满足网络、科技的需要，呈现出信息化、数字化的发展趋势。新技术的革新加强了文化消费产品的传播力与表现力，从而扩大了消费市场，对民众的思想文化和价值观念产生巨大的影响。新技术能够极大地提升文化消费产品与内容的创新力、表现力、传播力和吸引力，扩大文化消费市场，特别是以电子技术、网络技术、信息技术和数字技术为核心的文化传播方式，对整个民族的思想文化和价值观念传播影响极大。

（二）文化与文化创意产业是国家社会和经济发展的杠杆

就当代世界而言，发展创意产业对经济发展和产业结构的优化具有越来越重要的引领作用，对经济的迅速发展具有重要裂变效应。不论在理论还是实操层面，创意产业与传统的三大产业相比有着显著的优势：文化创意产业自然资源需求少、耗能低、污染小、发展空间广、难度低。推进文化创意产业的发展，统筹其与实体经济发展是推动国民经济增长、提升国家文化软实力的重要措施。

实现“众创—孵化—加速”机制衔接，用创新经济去促进文化创意产业的发展，通过创业孵化培育新兴产业、促进区域转型升级、服务科技型创业企业成长，为实施创新驱动发展战略、促进高质量发展及转变经济增长方式的最佳切入点。发展创意产业，意味着经济发展从此拥有了一个更加巨大的新空间即文化产业空间。通过文化产品的生产、传播、消费来增加出口、提高税收，创造巨大的物质财富。

（三）文化与文化创意产业是建设创新型国家的迫切需要

发展创意产业是建设创新型国家的必经之路。创意产业的关键在于创新，这就与建设创新型国家的总体目标契合。在实际工作中，大力发展创意产业，大量培养创新人才；提高自身的高新科技水平，广泛拥有自主的核心技术和知识产权；推出创新型产品，形成自己的品牌效应。

创意产业是未来经济发展轴心，当它的主体地位形成后，会通过文化经济化、经济文化化及创意的引申、嫁接等潜移默化地影响和反哺第一产业、第二产业和第三产业，这将使人类经济生活出现历史性的转变。创意产业本身是一种朝阳产业，具有强大的吸纳就业的能力。

（四）文化新产业、新业态、新模式推动经济高质量发展

文化产业的商业模式主要包括资源优化整合模式、全产业链经营模式、品牌化经营模式、文化资本运营模式、跨媒体经营模式和平台运营模式等类型。在移动互联网时代，文化产业商业模式的构成要素包括目标顾客、分销渠道、价值主张、创意能力、资源配置、资本运作、价值沟通等要素，移动互联网作为外部技术环境，促进了文化产业商业模式要素的变化。

当前，我国正处于新旧发展动能接续转换的关键时期，以高新技术产业、新能源、“互联网+”等为代表的“三新”经济悄然崛起，正日益成为支撑中国经济转型升级、提质增效的一股关键力量。互联网的广泛运

用，改变了现代文化的生产、传播、消费方式，个性化定制、精准化营销、网络化共享等特性使文化产业的经营方式和商业模式也随之发生改变；对文化消费习惯的升级、产业链各环节的完善、文化业态和商业模式的创新必将产生深远的影响，也必将为文化产业创新发展扩大发展空间。以新产业、新业态、新模式为核心的新动能不断增强，成为推动我国经济平稳增长和经济结构转型升级的重要引擎，有效弥补了传统动能减弱对经济的影响和冲击，确保了国民经济稳中向好。

就文化产业而言，在加快推动文化产业成为国民经济支柱性产业的进程中，我国文化产业显现出以新技术为支撑、社会资本广泛参与的趋势，而社会资本的参与助推了新兴文化产业崛起，文化与资本市场的对接越来越受到重视。甚至可以说，传统文化产业的技术改造和互联网时代新兴文化产业的创新发展，已成为我国文化产业发展的两个重要支点。

三、发展文化产业的难点分析

经过 40 多年的发展，中国进入了品质消费的新时代。如果我们有钱想消费精神产品，包括体育、健身、养生、国学、看电影、旅游、探险等，没有好的文化产品做准备，那么精神消费也不能如愿实现。在这种情况下，文化产业处在了什么历史方位、应该怎么解决文化产业发展的逻辑重点转移问题，是我们面临的非常现实的问题。总的来说，我们就是要在文化产业供给侧做结构性的调整和改革。

（一）文化产业集约化程度不高，产业结构低端、企业分散

1. 文化产业集约化程度低

文化产业的竞争力集中体现在文化企业集团之间的角逐较量，尽管从“十三五”以来我国出现了大量文化产业生产主体，但是从其规模和发展程度来看，存在规模较小、集约化程度不高等问题，影响了文化产业的现代化发展进程。从发展质量来看，文化企业缺乏创新，制作水平普遍偏低，自我创新能力和发展能力较弱，影响到企业本身的可持续发展。到目前为止，我国没有集中度特别高的区域性的甚至世界级的文化企业。例如，我国在统计范围里有将近 600 家出版企业，但总的营业额仅有 600 亿元；而德国一家企业贝塔斯曼这个板块一年的营业收入超过 138 亿欧元。一家企业的一个经营板块已经超过了全中国所有板块数量的很多倍。我国

正在积极地实施文化“走出去”战略，但是由于文化产品以及服务的限制内容较多，内容较为单薄，在国际竞争日益激烈的环境中，无法更好地适应国际化发展趋势。

2. 产业结构低端、企业分散、产品水平不高等

产业低端是指我们的文化产业目前大体上仍然在传统的产业领域，还跟不上与高新技术相关的时代性很强的文化消费需求。文化企业分散是指我们目前文化企业同构的比较多、小的比较多、散的比较多，怎么能够提高集中度？这是需要研究解决的问题。文化产品水平不高，是指我们生产方提供的文化产品的质量差。如一年大概要拍七八百部甚至更多的电影，一年要制作 1.5 万集或者更多的电视片。市场问卷显示，73%以上的人认为中国影视粗制滥造，说明我们的产品质量低，这正是供给侧结构性改革需要解决的问题。

文化有意识形态的属性，文化产业、文化产品的功能至少有四点，包括认知、知识，教化社会，审美，娱乐等。而我们这些年内容产业建设了以后，涉及认知、教化、审美的产品，实际上是被弱化了，娱乐性的产品反而被强化了。因此出现了所谓的娱乐致死，纯表现主义文化产品大量地充斥在电视屏幕上。这些问题都是在内容结构上需要研究解决的。

（二）不能很好地适应充分发育的市场竞争

我们的文化产业的企业基础都是原有的国有事业板块，因而带有明显的旧体制转型的特点，大量地靠政策在后头背书、靠政府补贴、靠政府投资，没有真正实现市场化，这也是当前我国文化产业发展的大问题。

产业既有生产也有消费。从市场发育的角度看，我国文化产业发展的问题就是消费者更习惯于事业性的无偿消费，而不习惯经济性的有偿消费。因此，都希望能够赠票，能够送票，能够白演白看。如今有一个好的现象，就是网络文化产品的付费率正在逐年提高，说明我们与国际文化产品的市场销售规律正在逐渐接轨，但是这要有一个过程。

（三）缺乏资金及高端人才

文化产业的发展需要有强大的人力资源和物质资源，但是从目前的发展状况来看，人力资源和物质资源普遍缺乏，导致从业人员综合素质能力较低。我们现在偌大的一个国家，文化产业的就业人数也就是两三百万人，而这两三百万人里，真正从事文化产业的专门人才少之又少。我国在

高等教育的门类里，很长一段时间没有专门的与文化产业相关的教育科目、课程、师资和力量。虽然现在已经有许多大学开设了这方面的课程，但是和农业、工业、商贸等领域所需要的人才支撑的教育相比，还有很大的差距。因而我们抓人才结构的调整，让文化产业从业人员大量地增加，专业人才大量增加，这是文化产业发展必不可少的一个条件。同时，文化企业内部缺乏技术水平较高且善于经营管理的人才，缺乏创意性人才，人才结构不合理，以及发展初期缺乏足够资金支持，竞争力较低，难以满足新时期文化产业的发展需求，这些都成为制约文化产业发展的重要原因。高校需加强与企业和业界的合作，培育集创意管理、经营于一体的人才。与其在课堂里面培养文化创意产业人才，不如在企业、社会、业界实践中培养。

（四）管理体制不够完善

健全的体制体系是规范、保障与促进文化产业稳健、有序发展的必要条件。中国作为转型国家，文化产业是从宣传文化事业中独立出来的，本身带有文化事业的特征和印迹。我国文化市场的主体主要是由政府主导的事业单位，在管理上仍然处于事业型管理模式，更加注重社会效益。但是随着市场经济的发展，这一管理体制束缚了文化产业的发展，国有文化机构与民营文化组织的体制性鸿沟、政府与文化企业之间的管理边界等一系列问题也形成理论与制度共识，使得大批文化企业活力不足，在激烈的市场竞争环境中难以生存。由于当前大多数地区并没有建立起完善的管理体制，文化资源行业部门分割的现象也依然存在，在这种情况下要推动文化产业的发展，需要加快推动制度改革，积极培育市场配置资源机制。

四、推动文化产业高质量发展

（一）推进文化立法，以制度创新激发体制活力

我国的文化建设一直伴随着文化立法，文化立法工作是文化领域的各项事业得以健康发展的保证。从目前的情况来看，由于我国现有的成文法中，文化领域的立法不足4%，所以立法工作的任务仍然艰巨。在我国的社会治理过程中，有法可依的前提是要立法。立法工作是文化领域的重要组成部分，可以保证文化领域得以健康发展。在社会治理当中，只有文化

建设全面地进入到国家治理体系，才能够与我国的现代化发展一脉相承，文化建设才能得到有意义的补充和保障。

我国的文化工作有很强的意识形态属性，也就是我们常说的双效统一的问题，社会效益排第一位，社会效益和经济效益有机结合排第二位。通过立法的约束，也使得我们在这一方面的认识和法律建设同步进行。此外，做好立法工作，也使文化领域得以健康规范发展，特别是社会主义核心价值体系的建设和实现国家战略发展当中的四个自信都能够得到充分的保障。最后，有了立法保障，在文化建设、文化交流、文化贸易等方面，能够更好地与国际同步接轨。

（二）不断补充、拓展、完善文化产业的时代内涵和表达形式

坚持创造性转化和创新性发展。坚持辩证唯物主义和历史唯物主义，秉持客观、科学、礼敬的态度，取其精华、去其糟粕，扬弃继承、转化创新，不简单否定，不断赋予新的时代内涵和现代表达形式，不断补充、拓展、完善，使中华民族最基本的文化基因与当代文化相适应、与现代社会相协调。

1. 文化自信与文化治理

坚守底线，坚守文化自信，铸牢培根铸魂的文化本位。文化产品和其他产品不一样，它有价值导向，通过新的内容、新的形式和新的理念发展，形成开放式的发展文明观和文化自信。文化治理应该坚持法制化、信息化推动治理主体多元化。文化治理需要进一步解放思想，不能因为治理而限制文化的生产力。通过法制化规范的治理、有效的治理，形成文化治理现代化的体系和现代化治理能力很重要。

2. 体制机制的创新

坚持守正创新，推动业态的新发展。创新有四个不足：创意开发能力不足，业态、科技、体制创新不足。文化资源创意开发方面，用新型科技激发能力提升，创新还有巨大的提升空间。例如旅游演艺方面，推动主题公园和实景演出发展；博物馆文创开发走新业态开发的道路，博物馆一改古老陈旧的面孔，进行行业的融合，推动业态创新。

3. 文化科技融合发展

文化创新基地、园区不断建设，文化产业发展与科技融合相加带来业态转型升级，这既是一个趋势，也是一个当前的发展瓶颈，必须从上到下对它重视，要能够拿出来很好的解决办法。文化怎样更好地利用大数据、

人工智能、虚拟现实和区块链技术值得研究。从剧院演出到实景演出，再到互动式的高科技的演出，直至沉浸式的演出，技术发挥了很大的作用。传统产业要被赋予新的科技形式，不仅需要有新的表达方式，还要有新的能够切合实际的、与传统产业相匹配的可行解决方案。

4. 供给水平有待提升

文化消费方面，消费能力与供给的质量有很大的关系。文化消费是典型的以产品供给引领消费的模式，不是巨大的刚性消费，只有通过高质量的供给才能引领驱动更大体量的消费。文化消费潜力没有被进一步激发，多元化供给和多元化消费也没有形成。目前，精品力作欠缺、低层次供给过剩、同质化严重、泛娱乐趋势明显，国家部委和相关行业已开始做清理整顿和优化。

（三）大力发展文化创意产业

文化创意既要满足消费需求，又要引领消费需求。文化创意产品既有“硬件”也有“软件”，而文化创意的“软件”可以实现跨国贸易。

1. 文化创意发展

（1）必须遵循三大规律：①遵循经济规律，不能总是依靠补贴生存，不能总是要优惠政策；②遵循社会规律，体现文化自信，发展中华文化；③遵循自然规律，只有这样，才能持续发展壮大。

（2）文化创意发展理念有三个关键视角：第一是创意视角，第二是科技视角，第三是生活视角。文化创意的核心是如何实现文化创意。

2. 加强创意设计服务支撑，提升文化产业发展品质

强化创意设计服务对文化产业各领域的渗透和支撑作用，有利于促进产业品质和价值提升，推动首都城市有机更新与转型升级。具体包括三项重点工作，分别是：第一，推动文博创意产品创新性发展，部署加大文化创意产品开发力度，推动北京老字号传承复兴等方面重点任务；第二，加强动漫游戏的中国创意表达，部署推动网络游戏创新发展，支持原创动漫游戏产品开发，推动电竞产业蓬勃发展等方面重点任务；第三，推动城市更新与文化功能有机融合，部署着力提升首都城市空间文化品质，有效盘活老旧厂房资源等方面重点任务。

3. 未来模式，企业整体价值最大化

企业的整体价值需要企业有知名度，需要企业重视人才，会做积累，要考虑未来成长性以及未来导向的业态。要提升企业整体价值，一定要有

独到的地方，要有参与竞争的创新或者头部吸引力，或者是有平台或者组合平台。

4. 跨界体验

首先有城市故事再建城市文化体验中心，这样就可以有传统文化，可以用系列微电影表达，然后在互联网上进行传播，在线下体验，这就是新的城市文创综合体。

5. 古今合用

很多的传统文化不能做产业，但能做产业的反而被忽视了。例如，灯是中国传统文化最重要的代表，将灯和灯柜组合在一起，便可以做成一个灯光秀+天天音乐节+啤酒节……

6. 文化产业园区

文化产业园区是重构市场价值空间最重要的节点，也是实现城市“巧增长”发展战略最重要的抓手。当前，文创园区建设要从“功能性价值”走向“表现型价值”，重构价值空间。如何锁定文创园区的“文化价值底线”，使其不被商务成本提升的“挤出效应”所侵蚀？从目前的实践经验看，逐渐改变“载体模式”为“主体模式”，切断“硬增长”对“软增长”的刚性制约是关键。

7. 改造传统项目

改造传统项目，提升传统产业，专业化、持续化、精细化、系列化（IP与积累），改变店铺化（收入模式）：企业集聚+互联网，从产业园区到四创基地、新型城市文创综合体，成为新的文化地标。由于现在的特色小镇和项目都需要改造，所以改造传统的项目跟文化创意产业一样，也是最顶尖的项目之一，我们要做的是产业升级，包括传统观念做出的产品升级，也包括商业模式的升级。

北京市文化创意产业这几年在经济面临复杂环境和持续下行压力的情况下，仍然实现了稳中有进，进中有新。我们应坚持交流互鉴、开放包容。以我为主、为我所用，取长补短、择善而从，既不简单拿来，也不盲目排外，吸收借鉴国外优秀文明成果，积极参与世界文化的对话交流，不断丰富和发展中华文化。

第三章 文化产业与科技的融合发展

广义而言，科技属于文化的一部分。科技既是文化的工具，又对文化形成反作用，制约并改造文化的性质、特点和面貌。人类文化的每一次进步与发展都离不开科技的进步与推动作用，两者之间也总是相互影响，相互作用，密不可分。文化是发展的“内容”，科技是发展的“形式”。从生产、传播和接受方式的深刻变革来看，印刷术时代诞生了有形化的报纸、小说；广播电视、电影技术发明后，产生了动态化的电视、电影节目；随着互联网的普及，人们接受文化内容的方式转向电子化；未来，人工智能、虚拟现实、区块链等新技术的演进，将带给人们数字化、交互式、体验式、场景化的文化消费体验。

随着互联网的发展，特别是数字经济的发展，尤其是5G的全面商用，还有VR（虚拟现实）技术、AR（增强现实）技术，特别是AI（人工智能）的出现，多元互动、多元交叉的体验式消费形态、消费形式应运而生。这些体现在家庭消费、旅游消费以及各种各样的公共场景消费，使得创新融合成为文化产业发展的强劲动力。新业态、新模式层出不穷，产业的发展趋势日益明显，这些都对文化产业工作提出了新的更高的要求。

第一节　我国文化产业与科技融合发展现状

在互联网时代为回答文化产业何以更优、更强等问题提供了现实前提。当技术成为一种强势逻辑，文化产业的提升与发展应更多地厘清技术、文化与产业三者的关系：其一，技术是文化产业发展的重要变量，但不是唯一变量，在注重互联网等新技术对文化产业的贡献时，要注意其对文化产业发展带来的副作用；技术形态改变文化业态，但文化的内核依旧是服务于人的精神需求和价值追寻。其二，文化是文化产业发展的灵魂，是内向度的生产力，不仅代表着一个国家的精神的价值体系、物质的符号体系、行为的制度体系，也是一个国家产业实力、产业地位、综合国力的重要表现。只有将文化的无形资产纳入有形的技术形态、产业实体中，产业的发展才有内在活力，产业的产销、分发、应用才有根基。在文化产业发展与科技融合发展的大趋势下，这种新型业态的转型升级就是一种必然。

一、文化与科技

文化科技是一个不断融合、发展和演进的概念，新科技与新生活方式交融催生出文化新业态；同时科技改造现有文化业态，助力现有文化产业升级。与科技对文化产业的支撑赋能作用，以及科技与文化产业破壁创新、深度融合，激发了产业的新动能。由于文化和科技一起对经济发展起到一个双引擎的赋能作用。文化与科学技术作为社会发展的第一生产力，推动着社会体制和形态的变革，极大地提高了社会劳动生产率。科技进步对国民经济的贡献度达到60%以上。但是这个贡献度也比较难考量，因为它赋能的特点，所以其向其他产业部门扩散、渗透与融合并最终充分发挥“使能”（Enabling）效果。

（一）科技的新时代

随着互联网技术的发展，运用新媒体进行文艺创作和传播已成为常态。从微博、微信到抖音、快手，从文字到音频，从音频到视频，甚至VR、AI技术都在影响文化产品的类型，也在催生文化产业的发展与壮大。互联网与文化融合程度的不断加深，减小了文化传播过去“涟漪效应”中的阻力，使得推广渠道呈现开放性、去中心化与低成本等特点，弱化了文化产品的受众限制。媒介之间的渠道被打通，移动端逐渐成为文化集成平台，在网络世界，每一个人都是文化的普及者。科技和人文是人类进步的“两条腿”，近几百年来一直是科技为先，但未来有可能出现改变。

2019年全球十大企业中，科技企业占据七席，印证了新一轮数字经济浪潮即将到来。新技术的应用，也推动信息科技进入AI时代，各行业利用AI、IOT和云计算新技术带来数字化创新，并为全球经济注入增长动力。

与此同时，智能化带来了新经济浪潮，且AI无处不在地驱动着社会数字化转型，一个以AI技术为核心的智慧社会即将到来。

（二）科技发展催生文化产业的新业态

无论科技对文化产业的作用是颠覆作用还是赋能作用，技术的重要性不用多说，文化产业和科技一直密不可分。技术在有些时候推动了文化产业爆发式增长。但是我们也看到，有不少的技术对文化产业的影响其实是渐进式的，或者是比较长的过程。科技没有产业，是服务国民经济社会的各个产业，为各个领域赋能①。在今后相当长的一段时期里，文化更大的作用是赋能。科技、技术+数字文创或技术+文创，让科技的作用越来越强。

科学技术领域对文化科技的关注度越来越高，对文化科技的期待也越来越高，关注也越来越多。如果科学技术的发展都失去了应用场景，那么，这样的科学技术就很难实现生产、学习、研究意义上的真正转变。

很多产业和文化产业已经融合得很深了。在当前流行的传播方式中，大家熟知的抖音、快手、电音节等，都是年轻人最愿意触及的方式。以短视频为传播内容的抖音和快手两大平台，每日活跃用户已分别达到了3亿人和2亿人以上，每天有数百万原创视频在其间传播，成为传媒史上的传奇。这些新媒体平台以几乎为零的传播成本，彻底冲破了传统的城乡隔阂，颠覆了由中心至边缘的传播格局，实现了传播权利、能力的重新分配，把记录、表达的权利赋予了普通人。

这些企业到底是媒体公司还是电商公司，恐怕很难说得清楚。几年前我们还对抖音一无所知，现在却成了重要的产业和门类；我们在2016年以前对直播还没有任何的关注，现在直播成了一个巨大的产业；我们原来认为游戏当中的电子竞技比赛是娱乐，而现在成了国际赛事的组成部分。电商巨头阿里巴巴60%的收入来自广告收益，阿里巴巴属于电商公司还是广告公司也区分不清。文化与很多商业业态融合得非常深，比如网红直播本来是文化的一种现象，这两年逐步发展起来的网红直播带货，其实已经成为一种新的零售模式和现象。我们看到的文化和其他业态融合基本上有两种特征：一种是文化往其他的领域拓展；另一种是其他的产业结合文化的

---

① 张树武．到2028年，文化或将成为中国在全球最显著的区分性优势［EB/OL］．http：//www．sctt．net．cn/wenchuang/354520df1bcf43d8896d6da23697cdfe．html．

要素，不管哪一端双方都走向了融合。在现在这样一个科技发达的时代，虚拟和现实的边际逐渐模糊，那么未来新的业态，就是在虚拟和现实这两个世界之中不断穿梭、跳转。

目前，经济的增长阶段已经从原来增量经济下的粗犷式发展转变为存量经济下的精细化运营。私域流量①的信息其实是存量阶段下精细化运营流量的一个典型代表，也是精细化运营趋势的一个突出表现②。

从总的趋势来看，原有总量情况下粗犷的发展接下来会进入存量时代的精细化运营，这也是未来需要面临的最大一个商业现实。

二、从文化发展角度透视文化经济的四种形态

科技成为文化经济发展最重要的催化剂和助推器。同时，经济发展由传统的以自我为中心，向开放、共享、互联的方向转变。

第一，改革开放的开始，文化的发展就是文化事业的改革发展，即文化经济 V1.0。

第二，改革开放过程中，传统的文化产业不断地通过科技的力量进行数字化的升级，在文化创意的基础上，加上科技创意，以舞台声光电技术革新为代表，即文化经济 2.0。

第三，随着科技力量的不断发展，一些新兴的网络文化形成新的业态，实现对传统文化形态的推陈出新；借助科技的力量和服务模式的创新，带来网络原创、社交娱乐平台等文化新业态，被视作文化经济 3.0。

第四，以经济为牵引，文化与科技高度融合与互动发展，创新中国现代文化，则是文化经济 4.0。在这个过程中，希望文化体系能够打开一些，能够和现在的社会结合得更紧密一些。

---

① 私域流量是相对于公域流量来说的概念，简单来说是指不用付费，可以在任意时间、任意频次、直接触达用户的渠道，如自媒体、用户群、微信号等，也就是 KOC（关键意见消费者）可辐射到的圈层。它是一个社交电商领域的概念。公域流量和私域流量，比较通俗的解释是，信息流、微博热门等平台赋予你的流量曝光就是公域，而微信公众号、朋友圈这种你可以基本完全把控的流量，就是私域。

② 这次“新冠肺炎”疫情也许可以让大家理解到传播的力量，尤其是“私域流量”的影响力。我们需要真正认识到“私域流量”的影响力，转换企业与公众、与顾客、与社群的沟通能力，企业要真正转换传播沟通的方式，升级自己的认知，以及对新媒介技术、新传播技术的理解，确保自己能跟上消费者以及技术变化的步伐。

三、文化与科技融合迎来了前所未有的发展

（一）科技发展催生文化产业的新业态

基于数字化技术和互联网平台的新型文化服务业态已在日常文化消费中占据了重要比例，有些新业态已经成为“90后”“00后”日常文化消费的“隐形冠军”。《2018年中国泛娱乐产业白皮书》指出，2017年，我国泛娱乐核心产业产值约为5484亿元，同比增长32%，占数字经济的1/5。

5G+ VR云时代将带领世界进入虚拟空间，玩家可以以第一人身份进行各样的VR体验，包括VR社交、VR电竞等。目前，中国拥有全球数量最多的核心电竞爱好者，高达7500万人；到2020年末，用户规模预计将达到4.3亿人。

通过一个小小的VR眼镜，就可以看到任何你想看到的东西。5G+云的实时渲染，连接全球社交、无线联网VR竞技，“实现VR连接千家万户”。而到2025年，VR、AR市值将达千亿元，作为“5G+”主要服务之一，“沉浸式体验”在其中扮演着重要角色。

随着数字化时代成长起来的“90后”“00后”已经逐渐成为新的消费主力军。这类人群因为是在数字化时代成长起来的，他们总体呈现出有个性、有思想，容易接受新事物、新文化，所以也特别喜欢能够提供智能化、个性化的产品。服务于这一代人的企业，其实只需要根据消费者的需求给予数据，给予技术来提供相应的个性化产品。总之，提供个性化定制产品的服务是这个行业非常重要的变化。

作为百年未有之大变局的重要特征和标志，就是科技革命、数字革命的飞速发展，我国的信息化进入了飞速发展的阶段。过去，我们讲信息化是一般的互联网、大数据，还有云计算；近年来，IT产业发展、人工智能发展、5G的发展进一步冲击和影响了我们现存的各种体制、机制。这是一件好事情，各地可以通过信息化推动发展，推动创新。

（二）文化科技融合重构经济社会

1. 天然具备产业融合的细胞组织

最新的科学数字技术，包括AI技术等，对传统文化业态的改造，改变了我们文化生产、存储、传播和消费的方式，这主要是从科技对文化的引

领这个角度谈的。另外，科技对文化的引领，实际上是催生了一个新的业态，或者说是新的产业或数字内容产业，至少是新业态或是带来了新消费。真正的文化科技融合还应该催生新的文化科技，3D、AI 等文化科技本身就是一个产业，在促进传统产业发展的过程中也蕴含了非常巨大的市场。

2. 新兴文化业态和产品内容融合发展

利用数字传媒、移动互联的科技手段，构建立体购销覆盖面广、功能强大的网络，培育广大互联网+文学+音乐+影视的新业态，引领行业发展、竞争力强的文化和科技融合领军企业，使文化和科技融合成为文化高质量发展的重要引擎。

开展文化创作、生产、传播和消费等环节共性关键技术研究，开展文化资源分类与标识、数字化采集与管理、多媒体内容知识化加工处理、VR/AR 虚拟制作、基于数据智能的自适配生产、智能创作等文化生产技术研发；开展文化产品多渠道发布、多网络分发、多终端呈现等文化传播技术研发；开展文化产品价值评估与版权交易、基于大数据的个性化推荐、文化产品与服务质量评测等文化服务技术研发；开展文化资源保护与开发利用、知识产权保护与侵权追踪、舆情分析与内容安全监管、文化艺术品鉴定等文化管理技术研发。

以数字化、网络化、智能化为技术基点，重点突破新闻出版、广播影视、文化艺术、创意设计、文物保护利用、非物质文化遗产传承发展、文化旅游等领域系统集成应用技术，开发内容可视化呈现、互动化传播、沉浸化体验技术应用系统平台与产品，优化文化数据提取、存储、利用技术，发展适用于文化遗产保护和传承的数字化技术和新材料、新工艺。

同时提升文化装备技术水平，加强智能化的文化遗产保护与传承、数字化采集、文化体验、公共文化服务和休闲娱乐等专用装备研制；加强激光放映、虚拟现实、光学捕捉、影视摄录、高清制播、图像编辑等高端文化装备自主研发及产业化；加强舞台演艺和观演互动、影视制作和演播等高端软件产品和装备自主研发及产业化；加快广播电视网络升级和智能化建设，支持内容制作、传输和使用的相关设备、软件和系统的自主研发及产业化。

总之，以上从内容、技术、流量、产业服务以及文化和多产业创新融合的新模式等几个角度来简单分享了文化产业深层次的发展。由于文化产业的内涵非常丰富，外延很宽，所以我们能够看到的或者是能够分享的也仅仅是一点点而已。但我们还是感受到这个行业有非常多细微的变化，有变化就有机会，很多事情就可以做得更深。“世界是平的”，我们需要开阔视野，融合一切可以融合的东西，实现聚合式的效益；“世界是深的”，所以需要在专业深度方面苦练内功，稳扎稳打①。新的先进生产力的发展也给现有的法律、制度、工作机制提出了新挑战，要求我们必须进一步改革生产关系和上层建筑来适应先进的科学生产力发展，这都是对我们提出的新的挑战。

（三）对外开放及文创产品“出海”

1.“一带一路”下文化产业对外开放

习近平总书记在第二次“一带一路”论坛上指出，要争取一系列重大改革举措，加强制度性、结构性的一些安排，促进更高水平对外开放。制度性的安排，重点还是在讲对外开放，要进一步对标国际规则，主动对外开放，用更开放的市场和更规范的规则来保证我们新型对外开放体系能够灵活运转，并且能够与国际对接。所谓结构性的安排，重点是以一般制造业对外开放更多转向以金融为重点，包括文化、教育、医疗以及旅游等其他服务业的对外开放，转到这方面来，在结构上做一些安排。同时，致力于推动中外人文交流，实施平台化和全球化战略，通过科技赋能教育、教育孵化人才、人才服务产业、产业融合新城的模式，打造国内顶尖、国际领先的“人工智能+互联网教育”千亿级产业集群。

2. 文化创意产业发展战略国际化

2019 年 6 月 15 日，中外 20 个知名文化产业园区倡议发起的国际文化产业园区发展联盟（以下简称“联盟”）在北京成立。联盟将引导成员单位遵循国际规则和市场规律，增强社会责任、维护行业良好风尚；促进海内外文化产业园区（企业）间多种形式的合作和经济联合，促进国际文化产业项目合作。联盟是非营利性协同发展组织，致力于搭建国际文化产业交流服务平台，建立全球各国文化产业园区（街区、项目）间全方位、多渠道的互动合作机制，推动文化产业领域创新，促进经济持续健康发展。联盟秘书处设在中国文化产业协会，负责联盟日常的管理运营工作。联盟

① “世界是深的”这句话用来形容当前文化产业是发展阶段，或者是文化产业投资的现状也是比较贴切的。

将发挥“集智、聚才、研究、培育、交流、共享”六大职能，促进国内外文化产业园区（街区、项目）在项目资源、产业研究、智库服务、政策解析、成果推介等方面资源共享、合作共赢和协同发展。今后，我国将发挥联盟的平台作用，促进中外文化产业领域互学互鉴，服务首都全国文化中心、国际交往中心建设。

3. “区块链+文化‘走出去’”——“中国文化链”

“中国文化链”是深圳文化产权交易所即将上线的新项目，利用区块链技术，实现国内文化向国外输出，而基于数字货币交易特殊的匿名属性，“中国文化链”平台上的交易也极大限度地保证了用户的隐私。这不仅能够提高文化产业在国内外的金融收益，更有助于提升中国文化在世界文化中的影响力。随着区块链技术在文化产业领域内的应用愈发成熟，“中国文化链”也必定会在国际文化链中站稳脚跟、蓬勃发展，彰显中国的“软实力”。

在数字文化产业，区块链正在改变着数字版权的交易、收益分配模式和用户付费机制等基本产业规则，形成融合版权方、制作者、用户等全产业链价值共享平台。例如，以明星或 IP 为源头实现的区块链应用，可以打造一条将投资人、音乐人、电影制作人、粉丝群体、艺人以及经纪公司等融于一体的价值共享链；再如，为版权内容提供溯源支持的区块链平台，通过区块链、公钥加密和可信时间戳等技术，为原创作品提供原创认证、版权保护和交易服务；又如直播平台基于区块链技术，可以直接建立起社区内用户之间、用户与主播之间以及主播与广告主之间的交易联系，改善了因直播平台、主播经纪公司等中间者存在而产生的不平等分账模式。

4. 中国文化“走出去”

“孔子”作为一个文化符号，在走向世界的过程中，一步步传播、一步步被打造为具有中国特色的文化品牌。所以说，“真正的文化符号，既是民族的，又是世界的”。从 IP 开发到国际化传播，如何形成完整的产业体系成为需要不断探索的方向。

中国为了向世界发扬本国文化而投入了大笔资金，其中一个表现就是全球孔子学院数量从 2010 年的 298 所增加到了 2017 年的 548 所。近年来，中国正在积极为全球文化娱乐产业提供融资，辅之以有竞争力的制作设施，已经吸引了越来越多的影片来华拍摄：2017 年全球票房前 50 强的电影中，有12%的影片至少在中国拍摄了一部分内容，而2010年仅有2%。不过，尽管投资甚巨，但中国尚未对全球范围内的主流文化产生显著影响。仅举一例：中国电视剧的出口额仅为韩国的1/3，而中国十大顶尖音乐人在全球领先的一个流媒体平台上的订阅总量仅为韩国十大顶尖艺人的3%。

5. 电商和游戏是目前出海的两大引擎

综观2018年出海市场，中国出海电商正在以近年均30%的增长率快速打入国际市场，与当地电商在当地的直接竞争不可避免。对出海电商来说，目的地、销售品类、支付、配送、广告营销以及本土化运营是出海后站稳脚跟的关键；对制作商来说，把握新兴市场用户需求，贴合本地用户偏好，进行游戏模式与内容创新是重中之重。

2019年，创投圈对“出海”的关注持续升温，但本土化、文化壁垒、政策风险也是出海必须面临的挑战。如何在出海中把握趋势红利，最大化发挥优势，形成属于自己的商业模式，还有一段很长的路要走。

6. 北京文化产业“走出去”成绩斐然

以北京市海淀区为例，2017年，全区文化出口企业有115家，文化创意产业出口居全国、全市前列；2017~2018年，国家文化出口重点企业295家，海淀区有27家企业入围，占全国的9.2%、全市的41.5%。

“清华大学出版社多年来扎实、稳健地推进‘走出去’，向世界传播中国科技成果和优秀文化，国际影响不断扩大，自主或合作策划的外文版图书和期刊销往全世界，取得良好经济效应的同时，离不开税收优惠政策的扶持。”清华大学出版社财务总监张显瑞如是表示。国家对各类出版发行的报纸和期刊在出版环节执行增值税先征后退政策，国家税务总局北京市海淀区税务局最大限度地帮助企业吃透政策，让企业真正享受到国家的减税红利。

在朝阳区的传媒走廊，2015~2018年，实验区内蓝海电视、掌阅科技、西京文化传媒等15家企业先后被商务部认定为国家文化出口重点企业。其中，掌阅科技的掌阅iReader、蓝海电视融媒体全球传播云平台等21个项目先后被商务部评为国家文化出口重点项目。一批民营文化企业成功打入国际市场，成为国际文化展示交流的窗口和文化“走出去”的桥头堡。北京文创企业通过各种渠道方式“出海”远行，吸引了海外的优质文创企业总部或是一些国际大型交易博览、品牌发布、贸易洽谈等活动在首都落户。

第二节　传统产业与科技革命迭代融合发展的背景

技术的革新一直是重塑生产与管理的核心内容。互联网消除了距离，组织去中心化成为趋势，传统的科层式组织模式将被彻底颠覆，组织将从“流程型组织”向“生态型组织”转型。物联网的兴起让万物互联互通成为可能，连接力成为组织的核心竞争能力。

一、技术迭代和产业融合发展

技术创新引发的生产方式变革是人类发展史上的一个重要命题。工具的创新和技术的进步，推动了人类从农业时代到蒸汽机时代、从电力时代到互联网时代的不断转型，技术创新与经济活动、产业结构和组织模式息息相关。经济学家沃尔特·罗斯托、迈尔斯、马奎斯、弗里德曼均致力于展示技术创新的经济和社会价值。技术创新和发展的影响是广泛而深刻的，不仅涉及经济层面的产品、市场、消费和需求，还将涉及社会层面的组织结构、管理方法、行为习惯和文化类型。

从 1969 年阿帕网的发明使用以来，互联网的发明无疑扩大、泛化了技术对于经济和社会层面的双重影响。互联网将会对传统技术、产业、市场产生颠覆性的效果，引发跨学科、跨领域的创新型应用。发展至今，互联网尤其是以手机等智能终端为代表的移动互联网的发展，使得这种颠覆性的技术影响日渐渗透到人们生产生活的各个领域。

在移动互联网时代，随着移动互联网的不断纵深发展，全世界范围内新一轮技术创新与产业变革已蓄势待发。中国大力发展人工智能等前沿技术，已经拥有世界上最大的数据库系统，并希望成为地球的“大脑”。目前，中国领先的技术有超级计算机、射电望远镜、新能源、运输系统、量子通信、人工智能等。

二、认识与思考信息化和数字化时代

（一）数字化已经深入各个行业

技术革命将颠覆传统经济，带来新经济和新管理。今天变革的背景是数字化已经融入各个行业，整个数字嵌入速度比我们想象得要快，我们可以看到企业自身的数字化变革和数字化向企业战略的整合。一般来说，数字嵌入的比例也比我们预期的要高。在过去，当我们想为客户提供服务时，首先会讨论需要用多少人，其次是用什么样的商业设计来完成。但当数字时代来临时，你只需要再增加两台服务器就能为成千上万的客户提供服务，并获得更高的价值。由此你会发现，今天的业务已与过去完全不同。

有人称第四次工业革命为“信息革命”。在第四次工业革命中，不再是机器时代，而是智慧时代。我们必须理解工业价值和数字化的真正含义。熊彼特的新生产函数告诉我们，随着数字化的发展，各行业的组合发生了变化，我们称之为新的“产业组合”。这种新的组合需要我们去理解和反思，这个时代的变化已经完全不同于工业时代。在工业时代，实际上是原始生产要素的组合；而在当今的新产业时代，数字化将原有的一切要素更新为数字价值。研究中国龙头企业如何成长，就必须考虑选择何种所有制、选择上市公司还是非上市公司、选择面对消费端的公司还是资源端的公司、选择供应型公司还是技术型公司。

通过研究我们会发现，这些持续领先的企业都在不断进步、不断调整、不断转型。比如今天的海尔集团，很难简单地称它是一个制造公司，可能智能制造公司更为准确。“智能”两个字已经深深嵌入企业整个战略中，以组织和最终产品的形式呈现出来。在这方面，华为技术有限公司、阿里巴巴集团、海尔集团、福耀玻璃工业集团股份有限公司、联想集团等一直走在领先的道路上。

（二）数字经济和智能技术对企业的影响

为什么这些企业能够持续领先？一个非常重要的原因就是它们能够不断运用新技术来满足顾客的需求、创造顾客的需求，并且创新价值。当企业不断创新创造，推动价值改变的时候，其成长速度会更高更快，如北京小米科技有限责任公司仅用八年时间就成长为世界500强企业。这种成长和发展速度的背后，逻辑到底是什么？其实就是它将市场和技术的变化融合到商业价值当中，持续实现真正的产品和服务创新。

自2012年互联网技术正式带来了彻底的消费革命，带来了线上繁荣以及对传统产业无情的冲击和挑战，数字化已经成为几乎每个人都熟知的概念。数字化概念的核心是速度和时间。在工业时代，我们不得不考虑资源和核心竞争力；在数字时代，我们不是从资源的角度，也不是从能力的角度，而是从变化的速度和角度来思考问题。数字时代和工业时代的根本区别在于对时间的理解不同。当我们思考时间的时候，不能只从过去看未来，而应看你现在在哪里，变化的速度，然后了解这些内容后开始加速度。这种变化体现在产业观念上，并且这种变化缩短了竞争优势形成的时间。如果你不能适应数字化的变化，那么你的企业将很快被淘汰。

数字时代与过去完全不同，保持竞争优势越来越困难，因为只能在很短的时间内保持自己的竞争优势。今天的企业首先要了解三件事：一要了解企业的寿命。数字化带来的一个非常大的变化就是一个企业从“0”到“1”、从“1”到“N”的速度变得非常快。如上述的北京小米科技有限责任公司，它进入世界500强只花了八年时间，这是一个非常值得关注的事情。意味着其他企业被淘汰的速度也在加快。二要了解产品生命周期缩短。以前生产一种产品可以供客户使用很多年，但是如果今天在产品中加上“智能”和“数字”的特征，会发现你必须面对更快的产品更新换代。三要了解客户争夺的窗口期在缩短。在互联网刚起步的时候，我们经常谈到风口期和红利期。自从数字化出现以来，这个窗口期就变得更短了。现在我们了解产业、行业、产品的时候，只有做出根本性的改变才能跟得上变化。认识和理解数字化，即时间轴缩短是所有行业和企业都必须接受的现实。

三、数字时代高速成长背后的变化

在数字的概念下，很多增长逻辑和增长方式都发生了彻底的变化。这些真实的场景就发生在现实生活中，我们能从不同的角度感受到这些变化。这些公司快速成长背后的变化是什么？主要体现在以下几个方面：

第一个变化是它确实与技术融合在一起。今天的技术迭代比我们想象的要快得多，科技改变一切，科技使一切成为可能，迭代的速度要求我们必须跟上它，所以首先需要很好地理解它。

就组织体系而言，小微企业要和社群融合，不断迭代更新。海尔云熙洗衣机迭代更新了六次，每一代都比上一代销量更好、售价更高，当然收入也明显提升；更重要的是彻底颠覆了过去家电行业一年两次研发的传统，海尔云熙洗衣机开发周期最短时只有两个月。过去我国企业学习日本企业，产品尽可能完美才推出去；现在我国企业学习硅谷，产品推出以后可以不断改进，最重要的不是产品有了多少用户，而是企业可以和用户交流合作，然后不断地迭代更新。

第二个变化就是跨界融合。现在的行业与你最初理解的行业界限完全不同，过去，规模大的全球零售连锁店是沃尔玛；但在今天，零售业很难说是一家零售公司，也许我们可以认为它是一家“聪明的公司”。当你去商场里设的餐馆吃饭、电影院里看电影、游戏厅里打游戏、健身房里健身时，你就会感受到在原来零售的基础上与其他业态融合、共生、演变。商业综合体想要绝地制胜，已不能只是一个购物场所，更应该是社交娱乐中心、IP 线下聚集地、体验式消费中心及潮流科技集中地。新时代下，商业跨界已是大趋势，一如“优化用户体验”已成为推动互联网发展的核心，商业综合体往体验购物中心进化的路已在眼前。实践证明，产业的跨境融合有效地解决了空间有限和利益需求的矛盾。数字技术带来的跨境颠覆让我们不能用原来的眼光看待任何行业或企业，我们必须重新认识和定义它们①。

腾讯的人工智能（AI）服务可以根据患者的片子对病种进行诊断，给出的实时辅诊建议准确率越来越高，由此可以看到人工智能与医疗业之间的产业空间发生了变化。这时，你会觉得腾讯又是一家医疗健康公司，如果医院更早地介入人工智能合作的时候，那么医院也变成技术公司了，这就叫新产业组合。

第三个变化是收购兼并，“强强联盟”的生态网络。那些领先和强大的公司，很难说它是在哪个领域里，其实它是在一个非常广泛的领域，并且有强链接能力和协同优势。如果说你知道你的对手是谁，那么我们认为

---

① 陈春花．企业家亟需数字化理解与反思［EB/OL］．新浪财经，http：//finance sina. com. cn /china/2019-09-04/doc-iicezzrq3477240. shtml.

你基本上将被淘汰；如果你知道跟谁合作，我们认为你可能还有机会。我们是看你跟谁合作，并不是看你比谁更强，这是一定要知道的变化。

传统企业过去只有顾客，没有用户。顾客只是交易，是钱和物的交易；而在互联网经济环境下，传统的思维转变了，在不全盘否定传统营销体系的基础上，考虑怎样建立一个以用户为中心的社群化的产品营销体系和创新体系，也就是以用户为中心的交互性的社群经济。

第四个变化是从企业到行业边界都被调整了，原因是顾客的需求在变化，必须为顾客需求去做变革。之前你能够提供好的产品就可以在市场上存活下来，最根本的是生产的变革，即怎么用最低的成本、最高的效率把产品生产出来，满足更多人的需求；但是接下来的消费变化，不再是你以更低的成本、更高的效率来提供更多的产品，顾客本身提出了个性化需求，需要你能够满足他的需求，这就会走到第二个阶段，这个阶段就叫“消费变革”。

例如卡萨帝是海尔智能家具定制的生态品牌，将家庭场景细分为“5+7+N”。“5”是客厅、厨房、卧室、浴室、阳台 5 大家庭场景，“7”是全屋空气、全屋用水等 7 大全屋解决方案，“N”是用户个性化定制。

迈克尔·波特提出的价值链是传统时代的竞争框架，今天却有了很大的局限性。企业有基本性活动和支撑性活动，无论哪种活动都是听领导的而不是听用户的，创造的都是领导要求的价值，而不是市场要求的价值。部门之间很难协调一致，因为各个部门有各个部门的领导。价值的创造和价值的传递是分离的，与顾客只是一次性交易，只有顾客没有用户。

但数字化时代到来的时候，不仅要满足于消费的改变，更重要的是顾客要求参与创造和体验，它完全是跟整个生产过程组合在一起的。那么，当它完全跟这个东西组合在一起的时候，对你的要求不再是生产变革和消费变革，而是要求你有能力做到协同变革。现在许多企业重视平台效应、生态网和价值网、生态链或者价值链，其实当顾客价值、员工价值这两者进行总体组合的时候，协同效益变得最大，企业就有新的成长机会。

四、技术和数字对产业的影响

作为企业家至少要有四个根本性的调整，不能再用原有的经验。

（一）一切正在转化为数字

我们生活的今天一切都在转化为数据，其实有机会在两个方向做调整。一个方向就是模式创新，另一个方向就是效率改变。我们以前的制造类企业，谁用你的产品，其实你是不知道的；数字化时代到来之后，你就能知道谁在用自己的产品。数字化带来的另外一个帮助，就是当你能够完全进行数字化的时候，整个供应价值效率是可以改变的。例如，以前研究农业讲得最多的是种子、养殖或者种植的过程，这里就涉及土地、农民的能力和水平，接下来就是天气、农产品生产，然后到物流、配送，最后到餐桌。可是，当我们农业企业开始转型的时候，以上因素说重要也不重要了，那么，影响农业的到底是什么呢？其实是金融、供应链和农业信息技术。所以，我们就决定从田间到餐桌，提高"端"到"端"的效率，把损耗减掉，这就是效率的改变。这个损耗只要下降1%，产业的盈利空间就变得非常巨大。由此可见，当一切转化为数据的时候你就会发现，能够创新和创造的空间实际上是在变大了。

1. *数据即洞察*

当你理解数据后，才可以理解消费者和市场。当数据的出现带来了三个变化。第一个变化：从顾客到用户。如果你只有顾客没有用户，今天就没有盈利的机会。第二个变化：我们原来是以产品为中心，现在是以数据为中心，之前企业和市场之间的关系是用产品去连接的，现在是用数据来连接的。第三个变化：以前是供应链关系，供应链完善了，企业就具有竞争力；而现在不是，现在是协同关系，也就是自己与所有合作伙伴是共生的关系。

2. *数据即包容*

当拥有数据的时候，其实可以融合更多的需求，产生出更多的产品。华为技术有限公司一年销售额超过1000亿美元，迈入千亿美元俱乐部，它是怎么做到的？其实它做的事情，就是怎么让企业和未来组合在一起。华为技术有限公司现在正在做"数字行动计划"，连接应用和技能。在过去十年中，华为技术有限公司曾帮助108个国家三万多学生提高数字能力。当它做这件事情的时候，其实就等于未来和它组合在一起。一切正在转化为数据，数据即洞察，数据即包容，数据其实是一个行动计划。

（二）连接比拥有更重要

今天是不断迭代、不断优化、不断变化的过程，那么，怎么才能够去接受这种转变呢？就是和更多的人组合起来，得到智慧，因此，连接比拥有更为重要。

我们看到，当所有的连接共享不断地改变人类生活的时候，一些企业就会脱颖而出。无论是优步（Uber）、滴滴出行，还是今天更多的一些变化，我们看到的情形就是按从分工到协同、从协同到共生的概念规划的，因而我们需要企业有能力去完成开放式的协同平台。如海尔集团的开放式创新协同平台，它有一个“解决者创新平台”，拥有40万用户，在一千多个领域内不断创新。这些用户并不是海尔集团的员工，但他们可以去满足海尔集团对创新的需求。这样的一种连接，就让海尔拥有了非常多面向未来的创新可能性。

（三）开放、信任和协同是关键

数字化带来的最重要的是可信度和安全性。如果不能提供可控性、安全性，企业很难得到真实的发展。在很多领域中，领先的企业为什么做得好？就是因为它和非常多的生态伙伴建立了命运共同体，这个命运共同体可以使它的发展非常顺畅。

我们所有人都说新零售对传统零售业的冲击太大，虚体经济对实体经济的冲击太大。7-11便利店从来不说自己是互联网公司，可是它今天依然保持着非常强劲的增长，原因就是它在很早的时候，就采用互联的方式，建立了和生态伙伴之间的可信度、开放协同，取得了很好的效率。

从可信开放的角度来看另外一个案例——小米科技有限责任公司（以下简称小米），它用八年的时间走进世界500强企业，这不是小米自己的力量，而是它所打造的社群——米之家的力量，这个协同和共同成长的平台，让小米和这么多人和机构去合作，跟1.32亿个智能设备去做连接。因此，当一切转化为数据时，就要建立可靠、可信任的连接。腾讯把自己的战略改变为一个词，即要成为“连接者”，整个组织开始了从企业间到企业与客户/用户端之间（B 2 B到B 2 C）的转换①。认为未来的连接是人与人、人与商业/服务、人与智能硬件的连接，这是一个根本性的连接。首先，

① B 2 B是Business-to-Business的缩写，商家（泛指企业）对商家的电子商务，即企业与企业之间通过互联网进行产品、服务及信息的交换。B 2 C是Business-to-Customer的缩写，其中文简称为“商对客”。“商对客”是电子商务的一种模式，也就是通常说的直接面向消费者销售产品和服务商业零售模式。

它需要让自己成为一个“连接者”，然后才能够找到发展的空间。当它把这个定位在战略中时，它的市值就可以大幅度增加了。决定企业最终价值的是企业在用户端建立的主导地位是什么。判断是否获得了主导地位的最可靠标准，是企业能不能和用户之间产生一个可以画上等号的词——“连接者”。例如“瓜子等于直卖”，瓜子二手车直卖网通过占据、做强“直卖”这个定位，主导了二手车市场。瓜子二手车直卖网创始人杨浩涌先生创业时，首先正确地提出了关键问题——“瓜子是谁”？即我们要在用户端建立怎样的定位才能主导二手车市场。然后，企业所有的战略资源都将基于这样一个根本的战略定位来配置。决定企业战略的关键不在供应端，而在用户端。

（四）从竞争逻辑转向共生逻辑

面对数字化和新产业时代，在战略的底层逻辑上需要一个彻底改变，就是你能不能从竞争逻辑转向共生逻辑。在工业时代，我们其实就是在满足需求，我们常常讨论的是比较优势，讨论如何获得竞争优势，怎么能在竞争中赢得比赛；现在到了数字化时代，核心不在于你是否满足需求，而在于你是否能够为顾客创造需求，也就是说很多需求是被创造出来的。陈春花（2019）认为，从企业内部角度讲，要合作共生；从企业外部讲，我们的时代也已经从竞争逻辑转向共生逻辑。共生逻辑下竞争依然存在，但结果会有所不同。以后的竞争可能更多是生态圈之间的竞争，相关联企业通过价值链延伸，可能组成跨地区甚至跨国家的联盟。比产品更重要的组合元素可能是共同的文化和价值观，这是一个重要变化。

在科技进步迅速的当下，一个企业不可能把所有东西都包下来，必须与其他企业合作。当你创造顾客价值的时候，其实也就没有对手了。在真实的市场当中的确是存在竞争的，但是获胜的企业一定是要离开竞争的。如果今天你没有对手，就要问自己和谁在一起才能创造新产品；你应该有合作者，这样你才会有新的空间，这就是共生逻辑。腾讯的合作企业有1400家，可以说腾讯的半条命是合作者给的。竞争逻辑是分蛋糕、抢蛋糕，共生逻辑是一起将蛋糕做大、协同创利、风险共担。未来，只有善于合作的企业，道路才能越走越宽。

战略认知底层逻辑的改变，就是从竞争逻辑转向共生逻辑。当今，虽然大的经济环境和整个经济增长在调整中与之前不太一样，但是对于单一企业来讲，发展机会还是很多的，完全可以重新定义，要不断连接，跨界寻求新空间。

第三节　北京文化与科技融合发展的政策支持与规划指导

一、政策支持

“政府+市场”让文化产业因双轮驱动而持续有力，一个有效的市场一定有一个有为的政府与其合力共为。

（一）国家政策引导支持

2012 年，中央出台了《国家文化科技创新工程纲要》，提出要充分发挥科技创新对文化发展的重要引擎作用；《国家“十三五”时期文化发展改革规划纲要》中明确，要强化文化科技支撑，以完善现代文化市场体系和现代文化产业体系等；2017 年 4 月出台的《文化部“十三五”时期文化科技创新规划》提出要实现我国文化、艺术与科技相融合需要有建设文化科技创新体系的指导思想、基本原则和发展目标；2018 年 3 月颁布的《国家文化和科技融合示范基地认定管理办法（试行）》进一步引导和推动了文化与科技的融合发展；2019 年 8 月 13 日，科技部、中央宣传部、中央网信办、财政部、文化和旅游部、广播电视总局六部门共同印发《关于促进文化和科技深度融合的指导意见》（以下简称《意见》），促进文化和科技深度融合，全面提升文化科技创新能力，转变文化发展方式。

《意见》提出到 2025 年，基本形成覆盖重点领域和关键环节的文化和科技融合创新体系，实现文化和科技深度融合。按照国家科技创新基地优化整合总体部署，建成若干目标明确、重点突出、协同攻关的文化科技领域国家科技创新基地，建成一百家左右特色鲜明、示范性强、管理规范、配套完善的国家文化和科技融合示范基地，二百家左右拥有知名品牌、引领行业发展、竞争力强的文化和科技融合领军企业，使文化和科技融合成为文化高质量发展的重要引擎。

其中，加强文化共性关键技术研发是《意见》提出的重点任务之一，即通过加强智能科学、体验科学等基础研究，推动类人视觉、听觉、语言、思维等智能技术在文化领域的创新应用；加强文化创作、生产、传播和消费等环节共性关键技术研究，包括基于数据智能的自适配生产、智能创作等文化生产技术研发；重点突破文化艺术、创意艺术等领域系统集成应用技术等。

文化经济政策是助推文化改革与创新发展的强大引擎。文化产业驱动力中文化经济政策尤为重要，是文化事业与产业制度体系建设当中的重中之重。一部好的政策会产生核子裂变的效能，引领或者影响一个领域、一个区域乃至一个行业的发展。

（二）北京市的政策引领与保障

从2006年以来，北京市密集出台了一系列推动文化体制改革和文创产业发展的政策文件，在文化空间、文化市场、文化科技、文化金融、文化业态、文化发展策略等领域都提出了相关的优惠政策和措施，形成了较为完备的政策体系和制度保障。政策保障与规划指导是北京市委市政府引导文化创意产业发展的主要手段，已经形成了较为完备的配套体系。据不完全统计，北京市及各区县2006~2019年出台规划、政策、实施办法等共计80余项。下面仅列举一部分重要的政策举措：

1. 北京市政府文化创意产业总体发展规划（按时间序列）

这类政策是北京发展文化创意产业的前提基础，主要从宏观层面对北京市文化创意产业的发展提出了总体设计，结合北京市的城市总体发展规划及未来发展方向，带动北京市文化创意产业的发展。

2006年《北京市促进文化创意产业发展的若干政策》、2008年《北京市“十二五”时期文化创意产业发展规划》、2014年《北京市文化创意产业提升规划（2014~2020）年》及2016年《北京市“十三五”时期加强全国文化中心建设规划》这四个总体性规划政策的发布，使北京市文化创意产业发展的格局进一步明确，从而引领相关部门和区级政府发布了一系列政策。

《北京技术创新行动计划（2014~2018年）》强调要以科技带动服务业的发展，将科技与金融、文化等现代服务业相融合，由此形成了“1+N+X”的政策体系。“1”是在市委市政府这个层面出台的纲领性文件。2018年，市委市政府发布了《关于推进文化创意产业创新发展的意见》（以下简称《意见》），《意见》是北京市在构建文化产业发展的政策体系中的“1”，随着这个“1”的出台，形成了一系列“1+N”的文化创意产业政策体系。

“N”是北京市委市政府相关部门和行业管理部门出台的实施意见。指在“1”之下，每个行业、每个领域或者每个方面制定的政策，如《关于保护利用老旧厂房拓展文化空间的指导意见》《关于推动北京影视业繁荣发展的实施意见》《关于支持实体书店发展的实施意见》《关于推动北京市文化文物单位文化创意产品开发试点工作的实施意见》等，以及文化科技融合等政策。“X”是到区这个层面，比如海淀、东城、西城，结合市级文件，结合本区的特点出台的一些有特定性的、区域性的政策，像朝阳凤凰计划、东城菁英计划等。

北京市一直在文化经济政策上注重知识产权的保护和利用，这是文化产业及文化创意产业的核心。2018 年北京还密集出台了十余部与文化创意产业相关的政策，涉及产业园区、对外文化贸易、文化金融、实体书店、文创产品开发、人才吸引等多个方面。可以说，北京市也已经形成比较系统的文化创意产业政策体系。

2. 基础综合、整合性指导政策

这里笔者仅列举一部分与本书讨论内容有关的重要政策文件、实施意见等。

（1）《北京市支持建设世界一流新型研发机构实施办法（试行）》（以下简称《实施办法》）。该《实施办法》落实了《国务院关于印发北京加强全国科技创新中心建设总体方案的通知》（国发〔2016〕52 号）文件精神。新型研发机构是指由战略性科技创新领军人才领衔，采取与国际接轨的治理模式和运行机制，协同多方资源，从事基础前沿研究、共性关键技术研发的事业单位或科技类民办非企业单位（社会服务机构）；战略性科技创新领军人才是指在基础前沿、共性关键技术研究方面具有世界级学术声望、重大原创贡献的全球顶尖科学家，在科技创新方面具有全球战略眼光、突出管理能力的创新型企业家，以及其他专注科技创新领域的杰出投资和管理型人才。《实施办法》是实施创新驱动发展战略、加强全国科技创新中心建设的重要抓手。

（2）《关于推进文化创意产业创新发展的意见》。2018 年 6 月，北京市委市政府印发《关于推进文化创意产业创新发展的意见》（京发〔2018〕14 号，以下简称《意见》），《意见》指出了北京市未来文化创意产业创新发展的指导思想、基本原则和发展目标，并从多个领域阐述了构建怎样的高端产业体系，确立了由“两大主攻方向、九大重点领域环节”构成的文化产业高精尖内容体系，并提出九大产业促进行动。其中，两大主攻方向分别指“数字创意”和“内容版权”，前者强调科技创新的功能支撑，后者突出文化内容的价值引领。同时，《意见》用较大篇幅谈到了对影视娱乐产业进行支持的方向、重点内容、行动计划和保障措施，向我们透露出影视娱乐产业有关企业发展、人才保障、资金支持等方面的利好信号。《意见》对于做好首都文化这篇大文章，坚持和强化首都核心功能起到了根本性的作用。

《意见》明确九大重点发展领域环节，并提出九大产业促进行动。九大重点发展领域环节包括：创意设计、媒体融合、广播影视、出版发行、动漫游戏、演艺娱乐、文博非遗、聚焦艺术品交易和文创智库，旨在培育出一批世界知名文化团体和创意人才，推出一批有深远影响力的文艺原创精品，推进文化产业多领域发展。同时，为了更好地保障北京市文化创意产业转型发展，北京市通过完善工作机制、健全政策体系、加强资金用地保障来为文化产业发展护航。

通过对《意见》整体内容以及当前文化创意产业发展情况的分析，我们可以得知，北京市出台《意见》有三个因素是不可或缺的：

第一，落实中央精神。《意见》是在党的十九大精神和习近平新时代中国特色社会主义思想以及习近平总书记对北京发展规划的讲话精神的指引下制定的。党的十九大报告把文化建设上升到了关系国家、民族发展的高度，指出文化是一个国家、一个民族的灵魂。文化兴则国运兴，文化强则民族强，提出要启发全民族文化创新创造活力，建设社会主义文化强国。在此背景下，北京市出台《意见》，目的就是落实中央精神，推动文化事业和文化产业发展。

第二，践行北京的城市战略定位。在党的十九大精神指引下出台促进文化创意产业发展的城市中，北京市并非首个，上海市已经先于北京市于 2017 年底出台了相关意见。北京市比上海市多酝酿半年出台《意见》，或是因为北京市“四个中心”城市功能定位中重要的一项是“全国文化中心”。可以得知，《意见》也是在北京市城市战略定位的要求下制定的。

第三，文化产业的经济和社会贡献。北京是全国影视创意策划、制作生产、宣传发行、国际传播的中心，影视机构总量、产业规模和产量均居全国第一。

此外，还有电影带动起来的周边产业，例如商品、餐饮、旅游等。可以说，电影产业的经济效益日益凸显，更不用说电影产业所带来的社会效益。电影作为文化和媒介，本身就带有影响社会风潮和开启民智的功能。一部《战狼 2》，引起中国人有关爱国情感的共鸣；一部《我不是药神》，带来了公众对医药行业以及关爱弱势群体的大范围讨论。以电影产业为代表的文化产业，所带来的社会效应是其他产业不可比拟的。因此，基于文化产业本身所附带的经济和社会贡献，政府部门应鼓励和引导产业的发展。

（3）《北京市文化产业高质量发展三年行动计划（2020-2022 年）》。2019 年 12 月 9 日，北京市文化改革和发展领导小组发布了《北京市文化产业高质量发展三年行动计划（2020-2022 年)》（以下简称《三年行动计划》）。为抓好《意见》落实，进一步推动北京市文化产业高质量发展，北京市发布的《三年行动计划》是对中央关于文化产业发展精神的及时响应和有效落实，主线是创新融合，重点在内容版权、文化科技、文化金融、文化贸易方面实现高水平创新与突破，进而通过产业链整合辐射带动中西部乃至东北部。文化产业高质量发展的实质是高品质供给和高效益产出，该计划因此聚焦优质内容生产与创意设计服务；聚焦文化与科技、旅游等产业的融合发展；聚焦完善现代文化产业体系和市场体系；聚焦积极培育新型文化业态与消费模式。

围绕《意见》和相关政策，《三年行动计划》在充分研判未来文化产业发展趋势的基础上，在内容框架上贯彻“内容为王、创新融合”两条主线，按照聚焦重点、扭住关键、精准发力的要求，梳理安排了一批近期服务北京市文化产业高质量发展、远期推动文化产业发展引领区建设的改革创新举措和产业重大项目。

二、建设规划

深入学习贯彻党的十九大精神和《北京城市总体规划（2016 年-2035 年)》，按照《北京市“十三五”时期加强全国文化中心建设规划》（京政发〔2016〕20 号）《北京市“十三五”时期文化创意产业发展规划》（京宣发〔2016〕29 号）关于加快建设市级文化创意产业示范园区的工作部署，为扩大示范园区辐射力、影响力，进一步优化完善全市文化创意产业空间布局，加快推动文化创意产业引领区建设，有力支撑京津冀协同发展战略实施和全国文化中心建设，做出以下建设规划：

（一）文化创意产业园区建设发展亮点

北京市出台文化创意产业园区建设发展19条，文化创意产业，是北京“减量、绿色、创新”模式下，实现经济高质量发展的重要方法，还将实现文化创意产业的高度聚集，或许将成为实现经济发展的标杆做法。

1. “三高九新”——聚焦新政亮点

第一，聚焦北京文化创意产业转型升级之后的高端、高新、高附加值这样一个“三高”的特点。通过聚焦文化创意产业高端方向、高端领域、高端环节，推动文化创意产业结构升级、业态创新、链条优化。第二，聚焦北京市文化创意产业体系构建中的九个新兴业态。在2014年出台的《北京市文化创意产业功能区建设发展规划（2014－2020年）》（京政发〔2014〕13号）中，提出了全市文创产业错位发展的空间格局，规划建设20个文创功能区，以形成特色化、差异化、集群化的发展态势。同时明确提出要“促进文化艺术、广播影视、新闻出版三大传统行业优化升级；壮大广告会展、艺术品交易、设计服务三大优势行业规模”。而2018年出台的《关于推进文化创意产业创新发展的意见》（京发〔2018〕14号）则明确回答了新时期北京应当发展什么样的文创产业，提出重点打造创意设计、媒体融合、广播影视、出版发行、动漫游戏、演艺娱乐、文博非遗、艺术品交易和文创智库九大重点领域及其重点环节。

2. 京津冀协同发展战略实施再现文创企业的发展机会

未来北京文化创意产业的前行要求北京的文化创意产业发展要走出一条“新路”。随着京津冀协同发展战略的实施，那些不利于环境发展、不利于市场要素提升的产业类型，会在这一轮当中被逐渐疏解。这是北京市文化创意产业发展的又一次转型升级，又一次更新换代，还标志着北京文化创意产业发展的一次大洗牌，这既是一次产业结构调整，更是一次产业结构调整之后迈出的新步伐。

（二）北京市文化与文化创意产业园区现状

北京市文化创意产业园区面向全市文化类园区进行认定，每年认定一次，目的是将各类符合条件的文创园区纳入市级管理范畴，加强对文创园区发展的指导和服务。首批公布的 33 家入选园区有：751D · PARK 北京时尚设计广场、768 创意产业园、77 文创园（包括美术馆、雍和宫、国子监 3 家）、798 艺术区、北京城乡文化科技园、北京 DRC 工业设计创意产业基地、北京大兴新媒体产业基地、北京德必天坛 WE 国际文化创意中心、北京电影学院影视文化产业创新园平房园区、北京懋隆文化产业创意园、北京塞隆国际文化创意园、北京天桥演艺区、北京文化创新工场车公庄核心示范区、东亿国际传媒产业园、恒通国际创新园、弘祥 1979 文化创意园、嘉诚胡同创意工场（包括嘉诚有树、科玛斯车间、东城文化人才创业园、嘉诚印象、菊儿胡同 7 号 5 家）、莱锦文化创意产业园、郎园 Vintage 文化创意产业园、清华科技园、尚 8 国际广告园、数码庄园文化创意产业园、腾讯众创空间（北京）文化创意产业园、天宁 1 号文化科技创新园、西什库 31 号、西海四十八文化创意产业园区、“新华 1949” 文化金融与创新产业园、星光影视园、中关村东升科技园、中关村软件园、中关村数字电视产业园、中关村雍和航星科技园、中国北京出版创意产业园。

文化与文化创意产业园区和基地是北京文化产业发展的引擎，它们的发展建设无疑是北京未来发展的一条主线，如何认识文化创意产业园区建设与北京市新时期发展战略的关系，如何解决落实这一发展战略存在的问题，需要我们认真研究。文化创意产业园区既是重构市场价值空间的最重要节点，也是实现城市“巧增长”发展战略的最重要抓手，当前，文化创意产业园区建设要从“功能性价值”走向“表现型价值”，重构价值空间。如何锁定文化创意产业园区的“文化价值底线”，不被商务成本提升的“挤出效应”所侵蚀？从目前的实践经验看，要逐渐将“载体模式”改变为“主体模式”，切断“硬增长”对“软增长”的刚性制约是关键。

（三）北京市文化创意产业功能区的建设发展规划

北京市文化创意产业功能区的建设发展与新时期京津冀协同发展的总体需要是高度一致的。在此背景下，作为全国文化中心，北京的文化产业发展也必须在“高精尖”上下功夫。在疏解非首都功能过程当中，必须要另谋产业发展的新路，而这当中除了科技创新这个体系之外就是要发展文化产业。

“十二五”以来，林林总总的聚集区在带动北京市文化创意产业发展的同时，也产生了一些由竞争引发的问题。2013 年，北京针对各个区县出现的问题进行研究，并针对问题提出了解决路径，将市区与各区县有机统一，开始明确文化创意产业发展的梯次，最终规划打造成20个“文化创意产业功能区”，即把一些地理位置相邻、业态相近的集聚区组建成一些大型的功能区。

功能区的思路进一步突出了各区县文化创意产业的主导门类，在发展方式上只求专而精、小而新，力戒多而杂、大而全，谋求重点突破，推动文化创意产业向“专、精、特、新”的功能方向转型。各区县也在行业产业链环节等方面进行了细分，明确其具体任务，优化产业布局，是推进北京市文化创意产业发展的重要载体和动力引擎。

功能区建设凸显了市场在北京文化资源配置中的积极作用和“功能”的纽带作用，有利于形成功能区内部、功能区之间、功能区与各区县及京津冀的相互沟通、相互促进、相互融合、共赢发展的良好局面。

第一，主导产业有利于促进文化创意产业功能区内部的空间品质提升。一方面，由于各功能区都安排了自己的主导产业，公共服务平台、产业联盟等社会组织的建设得以顺利推进，利于形成关联互动的产业体系和沟通高效的公共空间体系，便于解决共性问题、利用共性资源，形成产业统筹发展体系和协作机制；另一方面，由于有了功能区主导产业的统筹，原有的中小型园区得以融合发展，“形成合力办大事”，共同提升产业竞争力，最终形成各功能区内部空间特色鲜明、文化氛围浓郁，功能区之间联系便捷、策略呼应、多点支撑的产业发展和空间布局体系。

第二，文化创意产业功能区能够和北京市其他产业功能区实现联动发展。首先，文化创意产业功能区建设以文化科技融合主线为主要载体，必然推动文化创意产业功能区和中关村国家自主创新示范区协调发展，促进文化和科技融合；其次，文化创意产业功能区以文化金融融合主线为载体，推动功能区和金融协调发展。此外，文化创意产业功能区还能带动北京传统产业转型升级和工业遗产保护利用，为其融入文化要素，激活现有资源，提升高技术制造业的发展质量及产业附加值，提升现代服务业的社会效益，形成与北京经济技术开发区、临空经济区、首钢老工业区等高端产业功能区协调发展的宏大格局。即便是较为低端的传统商务办公区域、商贸零售区域、旅游休闲区和农业区域也能“好风凭借力，送我上青云”，打造创意社区，实现转型发展。

第三，文化创意产业功能区建设有利于中心城区非核心功能的疏解，同时提升远郊区县文化功能，进一步凸显人文北京的城市空间特色。其一，脏乱差的旧城胡同、城中村、小商品批发市场，以及闲置、废弃或没有得到充分利用的商业办公设施、城区废旧厂房等非核心功能，一直困扰着北京建设世界城市的步伐。20个文化创意产业功能区布局巧妙疏解了北京市中心城区的这些顽疾，为核心功能置换创造了条件，文化创意产业功能区成为改善旧城风貌和提升旧城品质的有效抓手。其二，由于有了功能区主导产业的统筹，原有的中小型园区得以共同发展，“齐心协力办大事”，一起提升产业竞争力，最终形成各功能区内部空间特色分明、文化氛围浓厚，功能区之间联系方便、多点支撑的产业发展格局和空间布局模式。其三，在文化创意产业功能区的统筹下，各区县有机会按照新城定位和产业链分工，依托产业特色优势发展文化创意产业，形成新的产业集群和文化娱乐综合体，进一步带动区级产业均衡、共同发展，增强新城文化气氛，提升首都生活品质。

第四，文化创意产业功能区建设可以推动京津冀创意产业实现区域协同发展。“地域一体、文化一脉”是京津冀地区协同发展创意产业的前提基础。按照北京全国文化中心定位和非首都核心功能疏解的部署，依据文化创意产业内部行业特点，京津冀地区在出版发行功能区、文化艺术品交易功能区的设备制造、批发集散环节和影视产业功能区等方面都有较好合作基础。

当前，北京文化创意产业发展具有五个新的趋势和特点：第一，多园区脱离了房屋租赁模式，在完善基础公共服务模式的同时，形成了具有一定特色的功能服务体系；第二，文化空间成为新亮点，越来越多的园区开始重视对空间的设计和利用；第三，越来越多的园区在重视经济效益的同时，重视发挥社会效益；第四，连锁经营拓展新空间，越来越多运营成熟的园区开始输出园区品牌，注重轻资产品牌运营；第五，协同发展注重新动能，一些企业开始在京津冀开设分公司，进一步助力京津冀协同发展。

第四节　文化产业与科技融合的实践
——以北京为例

文化创意和科技融合发展始终是文化产业发展的重要主线，北京作为全国文化中心和科技创新中心有推动文化产业和科技创新发展的先天优势。北京推出的文化创意产业“五位一体”融合发展的文化创意产业路径，是文化创意产业健康高速发展的保证。以本土文化为根基，采用现代的科技手段，提供坚实的金融支撑，利用信息化平台，深度挖掘文化资源，必定会带来文化产业转型升级。

一、新兴文化创意业态和产品内容融合发展

各文化创意产业要发挥各国各类媒体在北京的优势，充分利用数字传媒、移动互联的科技手段，构建立体购销覆盖面广、功能强大的网络，培育互联网+文学+音乐+影视的新业态；引领行业发展、竞争力强的文化和科技融合领军企业，使文化和科技融合成为文化高质量发展的重要引擎。

开展文化创作、生产、传播和消费等环节共性关键技术研究，开展文化资源分类与标识、数字化采集与管理、多媒体内容知识化加工处理、VR/AR 虚拟制作、基于数据智能的自适配生产、智能创作等文化生产技术研发；开展文化产品多渠道发布、多网络分发、多终端呈现等文化传播技术研发；开展文化产品价值评估与版权交易、基于大数据的个性化推荐、文化产品与服务质量评测等文化服务技术研发；开展文化资源保护与开发利用、知识产权保护与侵权追踪、舆情分析与内容安全监管、文化艺术品鉴定等文化管理技术研发。

以数字化、网络化、智能化为技术基点，重点突破新闻出版、广播影视、文化艺术、创意设计、文物保护利用、非物质文化遗产传承发展、文化旅游等领域系统集成应用技术，开发内容可视化呈现、互动化传播、沉浸化体验技术应用系统平台与产品，优化文化数据提取、存储、利用技术，发展适用于文化遗产保护和传承的数字化技术及新材料、新工艺。

同时提升文化装备技术水平，加强智能化的文化遗产保护与传承、数字化采集、文化体验、公共文化服务和休闲娱乐等专用装备研制；加强激光放映、虚拟现实、光学捕捉、影视摄录、高清制播、图像编辑等高端文化装备自主研发及产业化；加强舞台演艺和观演互动、影视制作和演播等高端软件产品和装备自主研发及产业化；加快广播电视网络升级和智能化建设，支持内容制作、传输和使用的相关设备、软件和系统的自主研发及产业化。

目前，出版业、电视台等传统文化产业都处于下行趋势中，而发展处于上升期的则是那些与新技术紧密相连的新型产业形态。新业态、新模式下的文化及创意产业在国民经济发展中具有关联和辐射作用。文化与科技融合不仅有利于推动文化产业的升级，还能有效地弥补我国在文化装备上的短板。文化及文化创意产业在数字经济下与科技、金融融合发展，通过文化创意改变产品服务内容和质量、提升文化消费水平，从而促进中国文化产业和国际影响力的提升。

二、文化科技深度融合开辟广阔发展空间

当前，北京平均每天增加科技型企业 200 多家，创业投资额位居全国第一；独角兽企业占全国近一半；全市国家级高新技术企业累计达 2.5 万家。

北京 AI 初创企业数量高居全国第一，成为国内 AI 最强城市[①]。2019 年 8 月，国际数据公司（International Data Corporation，IDC）与浪潮集团联合发布了《2019-2020 中国人工智能计算力发展评估报告》（以下简称《报告》），《报告》评估了中国人工智能发展现状，并为推动产业 AI 化发展提供了极具价值的参考依据和行动建议。AI 相关投资者更青睐北京，总投资额已超过 550 亿元。

据统计，截至 2019 年 4 月，中关村人工智能相关企业数量达 1084 家，占全国人工智能企业总量的 26.5%；获得过风险投资的人工智能企业 442 家，占全国的 35.1%；独角兽企业 11 家，占全国的 2/3。目前，中关村示范区已经形成从高端芯片、基础软件到核心算法和行业整体解决方案的完整产业链，聚集了一批全国、全球领军企业，相关的人工智能企业占全国近三成。《报告》显示，北京拥有 AI 初创企业近 500 家，其中不乏明星企业，如寒武纪、地平线、第四范式等，这些企业在整个 AI 行业都起着标杆作用。互联网依然是 AI 领域投资最大的企业，在中国 AI 投资市场份额中占比 62.4%。除了位于北京的互联网巨头百度外，北京还有字节跳动、京东、小米等知名互联网公司，在 AI 上均有令人瞩目的成就。另外，北京高

① 人工智能（Artificial Intelligence，AI）是研究、开发用于模拟、延伸和扩展人的智能的理论、方法、技术及应用系统的一门新的技术科学。

等学府集中，清华大学、北京大学、北京航空航天大学等都在培养 AI 人才，丰富的人才储备成为北京 AI 发展的巨大优势。排名的变化显示，四大超一线城市在人工智能技术、应用、人才等领域的“吸附”效应开始凸显，同时围绕京津冀、长三角、大湾区三大经济圈形成的人工智能三大产业集群已初具雏形。

数字创意是北京文化产业重点发展的领域，包括网络文学、动漫、影视、游戏、创意设计、VR、在线教育等。在数字创意领域，企业从最初关注科技支撑，利用互联网技术，为文化插上翅膀，开始更多关注内容制作，鼓励原创，打造精品。发挥中关村示范区创新资源优势，北京进一步整合技术、人才、资本等要素，加快构建产业生态，促进高精尖成果转化和产业化，加大企业培育力度，将科技与文化融合。

第五节　文化产业与科技融合发展存在的问题与对策建议

一、存在的问题

（一）文化和科技融合的基础发展环境

当前我国文化科技创新日益活跃，文化和科技融合的基础发展环境已经形成，科技文化融合的事业将来大有前途；但是，文化和科技融合也存在以下不足：

第一，文化和科技融合深度不够，相关科研成果和文化领域实际需求结合还不够紧密，缺乏既通晓高科技又了解文化的复合型人才，难以创造和生产出先进文化与现代技术高度融合的精确内容。

第二，文化建设的基础设施依然薄弱，企业作为技术创新的主体还有待进一步加强，产学研结合也不够紧密，文化领域自主研发的科技产品还比较少，核心技术和高端系统装备国产化不足，进口依赖度比较高。

第三，文化和科技融合边界模糊，建立文化和科技产业指标面临一些困难。

（二）组织文化建设关乎深度融合发展

结合当前“文化+”科技的发展态势，下一阶段产业深度融合发展突破的核心问题还是人。当前，虽然文化公司、科技公司在数量上都达到了一定规模，但能同时实现科技和文化融合的公司少之又少，究其原因在于尚未将内容与科技手段、内容与形式完美融合。实际上企业需要一种非常特殊的组织文化，才能把这两种人组织在一起。关键是要看把做文化的人跟搞科技的人放在一起时，它的内部机制能不能包容这种人员组合。中国现在做文化体验的商业业态，很多都是靠制作人把一堆散的资源整合在一起，围绕一个项目临时组建一个团队。

组织文化要改善。以前搞科技的（公司）大量招的是学工科、理科的，要突破这一局面，就要大量招收文科方面的人才，如编剧、中文、平面设计、视频剪辑方面的人才。这样的人进入科技公司，势必就形成了两种冲突。如果企业文化有足够的包容力，领导者有很强的创新能力，才能把这些资源聚合在一起，否则实现不了组织文化的融合。

二、对策建议

（一）进一步完善文化创意产业支持体系及价值链和供需链

1. 顶层设计

第一，完善文化创意产业体系，包括标准体系、投融资体系、政策体系、资金体系、网络服务体系等；可建立文化创意企业建设的各项标准，建立政府、大学院校、社会机构、协会等多层次的孵化器建设体系；同时，建立信息发布平台与企业数据库和管理系统，并定期对文创企业运行状况进行测评和诊断，进而提供相关问题的解决方案。第二，坚持创新为引领，需求为导向，应用为驱动，市场为牵引，以推动文化科技融合为主线，做好科技和文化的顶层设计。第三，发挥国家科技文化的带头作用，提升文化科技创新能力。第四，更好地发挥国家文化和科技融合示范基地的支撑作用，完善文化科技创新体系。第五，积极探索新政策新举措新方式，进一步增强科技创新对文化产业发展的支撑能力。第六，培育文化和科技价值生态体系，建立良性竞争机制，实现价值回归。没有竞争的经济和完全市场化经济之间存在诸多矛盾，最突出的矛盾就是缺乏良性竞争机制。因此，需要培育文化和科技价值生态体系，在各个层级建立竞争模式，形成对抗生成的竞争机制，营造良性竞争环境，彼此之间作为标杆，相互博弈，从而实现长久发展。第七，积极应对新生代消费群体崛起和消费行为的变革。从近期几部优质电影的票房收入来看，《流浪地球》为46.55亿元，《哪吒之魔童降世》高达49.7亿元，数据显示主要观影人群为“90后”和“00后”，这充分体现了新生代消费群体的崛起以及消费行动的蜕变。基于新生代消费群体消费意识和习惯的差异，整个社会应主动适应经济发展，形成精神力量，从文化内容层面迎合这一趋势，从而赢取文化认同的突破点。第八，建立文化科技产学研一体化发展机制。把握时机，积极应对新形势，重点考虑文化科技发展，重视社会化科技组织的力量，建立新型研发机构，主导组织新型开放式科技研发社区，构建全球性科技研发生态环境，形成全球具有突破引领的技术点，从而实现文化“大众化”。

2. 保障措施

（1）做好顶层设计和谋划，着力转换发展方式，真正实现创新升级。各分园要精心做好产业定位布局这篇文章，主动错位发展，精心培育优势技术创新生态，发挥对全市和周边相关领域带动作用。中关村管委会要进一步提高改革创新力度，不断促进科技创新与政策创新，努力做到降低门槛、提高效率、降低成本，加强创新资源整合，统筹推进有关一区多园高精尖产业总体布局工作，做强做大北京创新引领的先发优势，带动全市乃至全国产业整体提质增效。

（2）多路径培养创意人才。不同于一般产业，文化产业生产的文化产品具有以内容为核心的特点。“创意为王”是文化产业的内在要求，这表明了创意之于文化产业的特殊重要性。创意来源于人的智慧、思维和灵感，因此，培养人才是发展文化产业的重中之重。政府应该着力培养创意人才，建立激励机制，一方面，可建设创意人才服务平台，按照服务企业的人才数量给予一定比例的资金支持，加强人才的创业辅导培训。另一方面，文化产业整体管理水平较低，高等院校可设立相关管理专业，同时，针对高端文化创新人才推行相应的补贴政策，倡导推行对文化创意人才的激励管理和领军人才的发展。只有这样，人才方能发挥出最大的潜能，进而推动整个产业的发展。建设文化创意职业技能人才培训基地，通过与国际知名培训机构共建合作，培养一批高层次、复合型、国际化的文化创意和设计服务人才。

（3）构建企业成长培育机制。发挥中小企业发展专项资金作用，进一步支持文化创意和设计服务企业发展壮大，促进产业融合发展，重点培育一批创意内涵多、增长潜力大、带动效果好的企业，打造跨界融合型领军企业。加快文化创意和设计服务领域的国有企业股份制改造和事业单位分类改革，支持引进社会资本，以参股、控股、收购、兼并等形式实现跨地区、跨行业战略重组。

（4）完善对外合作开放机制。加快国家对外文化贸易基地建设，搭建跨境电子商务云服务平台，不断扩大对外文化贸易。实施“走出去”战略，鼓励企业积极开拓国际市场，参加国际知名创意和设计评选活动，参与制定国际标准。积极推进京津冀文化创意和设计服务与相关产业融合发展的区域协作。鼓励文化创意企业申报国家文化出口重点企业（项目），支持企业与国际品牌企业相互合作，共同促进。

（5）完善统计评估服务机制。加强文化创意和设计服务类产业的统计监测与分析工作，完善相关统计指标体系。建立融合发展项目、企业、园区（基地）数据库，强化融合发展绩效分析。

3. 优化布局、拓展空间，建立产业集聚发展新优势

提速产业功能区建设。北京文化创意产业自 2006 年提出以来，到 2019 年年均增速超过 15%。目前文化创意产业占全市 GDP 的比重达到 14%，这是我们用的大口径的文化创意产业的比例；如果用中宣部确定的小口径的文化及相关产业，北京市占到 8.5%左右。北京的市级文化创意产业示范园区，第一批是 30 个北京文化创意产业园区，其中有 4 个是 2015 年评的，包括中国北京出版创意产业园、清华科技园、星光影视园、莱锦文化创意产业园。结合《北京城市总体规划（2016 年–2035 年）》，加强统筹规划、明确产业重心、完善专业化服务，建设文化创意产业功能区，突出文化创意产业的重点区域、特色区域，逐步形成集聚优势，促进其错位发展。

4. 创新驱动

研究文化企业的商业模式创新战略，必须深入研究创新经营和商业模式创新的新思路，从产品研发到资本运作，从运营管理到营销传播，从企业自身资源到战略联盟，从单一模式到整合模式，从局部策略到全局战略等方面，从而能够推动商业模式向智能化、创新化、服务化、精细化这些

方向转型发展，并进一步催生出新的服务业态或新型的文化产业体系。

5. 优化创新创业环境

创新创业在初创时期十分脆弱，需要精心呵护。对新业态要更敏锐、更宽容。宽松、包容是创新创业的关键土壤，对初创企业不能苛求。滴滴打车、支付宝、微信红包等新业态的原创在南方，就是最好的证明。相比南方，有许多经验可供北京借鉴和学习。积极引入专业化机构运营，开展创业指导和产业、资本与资源对接等一系列配套服务，从而打造全要素的企业创新创业生态圈。

6. 加大对文化创意企业的扶持力度

建立市级文化创意企业考评体系，对创意企业成长情况进行全面考察。政府应设立文化创意企业专项资金，对表现优秀的文化创意企业给予适当形式的奖励和补贴，针对文化创意企业成长的不同阶段制定相应扶持鼓励政策予以支持。

文化企业大量存在资产轻、规模小、风险高、质押难等一系列问题，需要改进信贷产品类型和模式，正视文化金融中出现的新问题，引领文化金融发展的新方向，持续加大创新投入。文化金融的核心资产抵押通道需要进一步完善和改进，文化市场经营的制度性设计也需要不断规范。创新力就是生存力，把不断创新、追求卓越作为每个企业发展的座右铭；把创新作为首都发展之本。

对于新设立的文化创意企业，政府支持应侧重于创业辅导和融资政策；对于进入成长期的文化创意企业，则应侧重技术、重组与人才政策。政府应鼓励文化创意企业管理单位建设多样化的服务平台，提供资质办理、代缴税金、法律咨询、财务咨询、融资机制、市场推广、项目评审和推介等服务。同时，可根据创业企业不同阶段各自的特点和需求，特别提供具有针对性的服务。

7. 促进产业梯度转移科学化，推动区域间协同协调发展

各级政府要在政策层面上发挥科学、合理、有序的产业转移引导作用，并创造有利条件和良好环境，避免产业转移过程中的各种不利问题，促进区域间协调发展。东部产业向中西部转移时，除了考虑成本效益外，还应立足提高居民收入水平，发挥其“反哺”作用，实现东中西协作，缩小贫富差距。中西部要不断增强产业承接能力，积极参与产业转移竞争，但要坚决避免高污染、高能耗产业损害生态环境，在承接发达国家产业转

移时更要有明确的产业政策。

（二）进一步推动示范园区建设的带动作用

带动提高全市园区整体发展水平，构建“高精尖”产业体系，打造文化创意产业引领区。在全市范围内推动形成一批企业发展良好、产业特色鲜明、社会效益和经济效益显著的示范园区，对全市园区发展起到突出的示范园区带动作用：通过示范园区建设，带动提升全市园区整体发展质量和内涵，促进文化创意产业空间布局优化，辐射带动京津冀产业一体化发展，产业规模化、集约化、专业化水平大幅提高，为文化创意产业引领区建设提供强大支撑。

1. 加大政策支持力度

（1）支持示范园区优化提升园区硬件设施。第一，支持示范园区建设运营管理机构改造提升园区硬件基础设施，开展园区环境整治，对符合支持条件的水、电、气、热、通信、非主干路等基础设施建设改造及环境整治项目，按照市政府固定资产投资项目管理程序和现行政策给予支持。第二，支持示范园区建设运营管理机构在园区内新（配）建文化设施。第三，示范园区可根据自身条件建设或引进实体书店，优化生态环境，建设文明园区，营造有利于创意迸发的园区环境，所建实体书店享受北京市实体书店的支持政策。

（2）支持示范园区为文创企业提供公共服务。第一，支持示范园区建设运营管理机构采取自行组织或与社会中介服务机构合作的方式，开展政策咨询、创业辅导、人才培训、人才引进、知识产权、政策宣讲、模拟路演、交流推介、市场营销、产权交易、财务指导、法律咨询、技术支持等服务活动。支持示范园区建设运营管理机构面向园区以外的文创企业提供上述专业化服务。第二，支持示范园区建设运营管理机构投资建设、升级改造和运营公共技术服务平台、投融资服务平台、信息咨询平台、文献资料平台、人才培养平台、成果转化平台、知识产权服务平台等文化创意产业公共服务平台。第三，支持示范园区建设运营管理机构通过与文化产权、版权服务机构合作等方式，按优惠价格为文创企业提供版权登记、评估、交易、维权等版权服务，提升文创企业版权运营能力。上述三条资金支持政策另行制定实施细则，支持额度根据示范园区上一年度开展产业公共服务、提供公益文化服务情况，以及示范园区内文创企业总收入、原创文化精品创作、在京税收贡献等因素综合评估后确定。涉及资金支持的园区建设运营管理机构，当年申报项目须未获得其他市级财政资金支持。

（3）支持示范园区培育和引进骨干文创企业。第一，鼓励示范园区培育和引进骨干文创企业，加快文化核心要素和高端产业要素聚集，完善产业链条，提高园区创新发展水平；鼓励示范园区内骨干文创企业发挥龙头带动作用，以专业化分工为纽带，发起成立产业联盟、行业协会、产业中介等行业组织，推动制定共性标准、整合行业资源、协调行业利益、加强行业自律，促进产业健康快速发展。对带动作用突出的骨干文创企业，在人才引进、品牌推广等方面予以支持。第二，优先推荐示范园区内符合条件的文创企业申报国家文化产业发展专项资金、全国“文创企业 30 强”、国家文化出口重点企业和重点项目，以及争取获得北京市政府投资引导基金、宣传文化引导基金、文化艺术基金、影视出版创作基金、提升出版业传播奖励扶持专项资金、外经贸发展专项资金等支持。

（4）做好示范园区文创人才服务。第一，加强示范园区内文创人才队伍建设，在符合北京市人才引进政策的基础上，对示范园区及园区内重点文创企业紧缺急需的人才，可按程序办理人才引进。第二，优先支持示范园区内符合条件的优秀文化创意产业人才按照有关规定申报“四个一批”“百人工程”“高创计划”等国家和市级人才工程、计划。第三，定期组织示范园区建设运营管理机构管理人员、重点文创企业负责人参加市级文化创意产业相关培训活动。

（5）支持示范园区开展品牌建设及推广活动。第一，鼓励示范园区建设运营管理机构，在北京市城市发展新区、生态涵养区，通过合作共建文化产业公共服务平台、合作办园、建设分园等方式，输出园区品牌，扩大园区影响力。所设分园经认定，可享受与示范园区同等待遇的政策支持。第二，鼓励示范园区建设运营管理机构组织入驻文创企业参加全国“双创周”、“一带一路”、深圳文博会、北京文博会、北京国际设计周、北京国际电影节、北京国际图书节、北京科博会、京交会、北京市文化创意创新创业大赛等国家和市级重大文化产业活动，并为文创企业参展参会创造各项便利条件。第三，利用市属媒体资源，深度挖掘示范园区服务文创企业、带动产业发展的故事及线索，为示范园区量身打造宣传栏目，提升示范园区品牌影响力，进一步彰显其对服务文化创意产业发展的示范带动作用。

（6）支持国家和市级文化经济政策在示范园区先行先试。第一，鼓励示范园区用好用足国家和北京市相关文化创意产业政策，为国家文化产业创新实验区、服务业扩大开放综合试点、促进文化科技融合发展等相关政策在示范园区落地实施提供便利条件。推动北京市文化经济政策平台与示范园区对接，为文创企业提供便捷的文化经济政策咨询服务。第二，利用市文化改革和发展领导小组办公室专题会议机制，帮助示范园区统筹协调解决建设发展过程中面临的瓶颈和重大问题。定期组织专家学者、咨询机构、相关部门等到示范园区进行实地问诊，并通过组织文化产业沙龙、现场推进会等方式为示范园区建设发展出谋划策。

2. 提升运营管理水平

（1）坚持把社会效益放在首位，实现社会效益和经济效益相统一。示范园区建设运营管理机构应把社会效益放在首位，把握好园区文化生产的导向，为园区文创企业创造符合社会主义核心价值观要求的文化产品和服务提供有利条件，引导园区文创企业生产社会效益和经济效益相统一的文化产品，推出一批讴歌党、讴歌祖国、讴歌人民、讴歌英雄的精品力作。示范园区建设运营管理机构应树立服务区域文化发展的意识，结合园区实际，搭建公共文化空间，适当开放园区公共服务资源，为区域公众提供每季度不少于一次的文化讲座、文化沙龙、公益文化展览等公益文化服务，把示范园区打造成为公共文化新地标和爱国主义教育、社会主义教育、文化科普的重要基地。

（2）建立常态化联络机制。示范园区建设运营管理机构应指定一名负责人和一名工作人员作为联络员，主动贯彻落实北京市促进文化创意产业发展的相关工作部署，积极参与北京市文化创意产业相关座谈、研讨、培训等活动。示范园区建设运营管理机构应于每年初将上一年度建设发展总结及下一年度工作计划报送市文化改革和发展领导小组办公室。同时，示范园区若发生园区性质或功能变更、产业方向调整、管理运营机制变更、公共服务平台或基础设施变更等影响园区运营的重大事项，须及时向市文化改革和发展领导小组办公室备案。

（3）建立园区统计机制。示范园区建设运营管理机构应注重园区统计工作，不断健全完善园区发展统计体系，完善数据采集、分析和监测机制，及时掌握入驻文创企业发展情况，每季度向市文化改革和发展领导小组办公室报送在园文创企业数量、占比、收入等有关数据，为发现问题、优化服务、考核绩效、总结模式、推广经验提供支撑。

3. 健全示范园区管理机制

（1）构建考核评价体系。市文化改革和发展领导小组办公室负责示范园区的认定和管理，秉持公开、公平、公正原则，组织第三方机构开展示范园区认定，每两年认定一次。对示范园区实行动态管理，组织相关部门及专家对已认定的示范园区进行考核，每两年考核一次。对示范园区的考核包括园区运营管理是否符合国家和北京市有关政策法规要求、园区社会效益和经济效益情况、示范带动作用发挥情况、统计监测体系建设情况、开展公益文化服务情况、所获支持资金使用情况等。考核结果分为合格、限期整改、撤销命名三个等级。

（2）建立园区退出机制。对于考核未达到合格标准的园区，作出限期整改处理，整改期不超过六个月。对于在规定期限内整改不达标、以虚假材料骗取示范园区资格、存在重大违法违规行为、园内文创企业生产的文化产品或提供的文化服务以及其他行为不符合主流价值导向并对社会造成不良影响、不按规定使用和管理支持资金、不按规定接受示范园区管理和考核、不配合开展统计监测和公益文化服务等的园区，作撤销命名处理。

（3）形成市、区两级建设合力。市文化改革和发展领导小组办公室负责制定、实施和完善示范园区支持政策。市文化改革和发展领导小组各成员单位应结合自身职能，推动示范园区建设发展。示范园区所在区的区委宣传部协助指导示范园区建设和发展，并为示范园区提供相应服务，形成市、区两级共同支持示范园区发展的良好局面。

国家文化和科技融合示范基地是新时代文化科技创新最主要的抓手之一，是打通文化科技融合“最后一公里”的关键环节，是文化和科技产业提质升级的重要驱动。基地的发展促进了科技创新不断进步，推动了技术场景在文化领域的广泛应用，加大了高质量的文化供给，为文化和科技相融于社会主义文化强国、世界科技强国建设贡献力量。

（三）持续优化营商环境

中国已连续两年进入全球营商环境改善幅度最大的经济体行列。优化营商环境不仅催生了大量市场主体，也加速了新旧动能的接续转换。我们应该看到，营商环境没有最好，只有更好。规范和创新监管执法，不断优化市场营商环境是一项系统性工程，归根结底是要加快完善社会主义市场经济体制，为创新创业提供生长沃土。完善公平竞争制度，清理纠正在行业准入、资质标准等方面对不同所有制企业的歧视性或没有法律依据的差异性做法，做到公平公正、一视同仁。健全以公平为原则的产权保护制度，建立知识产权侵权惩罚性赔偿制度。

当前，产业变革与中国经济转型正发生历史性交汇，各类融合性新业态层出不穷，要落实对新兴产业的包容审慎监管，适应技术快速迭代的发展规律，激励创新创业，增强新动能对经济的支撑力。推动建成“互联网+监管”系统，以提升能力和规范执法保障公平公正监管，增强监管的预见性、实时性和精准性。重视加强执法标准建设，增强执法过程和结果的透明性。

要摸准市场主体办事的“堵点”“痛点”，瞄准信贷、企业破产、跨境贸易等薄弱环节，精准施策、集中发力，出实招、补短板，推出有针对性的改革举措，着力破解制约营商便利化的顽疾，在持续解决问题中不断把改革引向深入。

（四）健全人才培养体系，强化智力支持

1. 加强科技创新人才队伍建设，大胆用人并激励人才发挥作用

创新驱动本质上是人才驱动，科技创新人才是科技创新的主体和生力军。有什么样的管理，就会有什么样的结果。一方面，彻底改变对国立科研机构的事业单位管理方式（行政化控制管理），变年度经费预算拨款为经费补助，放开工资总量控制，使科技人员的贡献价值得到相应的薪酬回报，激发创新创业的无限动力。另一方面，政府要通过加大教育与培训投入，加强教育与培训，全面提高劳动者的新型知识和技能，培养适应智慧社会发展和市场需求的大批知识型劳动力，鼓励和督促用人单位按照工作贡献发放薪酬。在激励和使用人才上，少一些条条框框，多一些实事求是，“量才使用”“量才付酬”。只有充分激发出创新创造型知识技术人才的创新活力，为人才提供生活、发展、管理的服务保障体系，才能为产业结构优化和走高质量产业发展之路提供充足的人才保障。

2. 创意型人力资本是数字创意产业的核心竞争力

一方面，数字创意产业是知识密集型产业，从业人员主要是知识型劳动者；其发展核心动力为人。另一方面，以信息技术为基础的数字经济中要素相对稀缺性发生了变化，资本的支配地位让位于最具创意的人力资本。

人力资本是创新生态系统的原动力和建造者之一，数字创意产业对传统的人才培养模式提出了新挑战。培养学生的方式以及学生本身才是创

新、创意的根本所在，知识型创新人才成为财富积累的新生力量。之所以重视基础研究，因为它是未来一切可能的源头，也是为创新打下的坚固基石。推崇以好奇心为驱动力的研究，以一种更关注长期回报的态度投入研究。

3. 推进产教融合，企业应该加强与院校的合作

中国产教方面最大的问题是，高校和研究所的研发成果不能迅速产业化，科学工作者的工作是把钱转化成知识，而把知识转化成更多的钱是创意企业的事，因此，只有采用不一样的成果研究、转化策略，才会产出不一样的成果。

我国高等教育目前文化产业相关专业的课程设置与产业发展需求存在较大的落差，如何提高人才培养的质量是问题的关键。笔者提出以下几点建议：①推动产教融合，鼓励支持高等院校与企业合作培养人才，提高人才培养的精准度。②政府相关部门设立产教融合示范基地，鼓励企业开设大学生实训基地，对于产教融合的企业给予一定资金支持或奖励。③大学应保持和文化创意产业的良好互动，大学的研究人员应可以在文化创意产业兼职，为文化创意产业提供咨询；企业也可以进入校园，提供奖学金给学生，实现学校与文化创意产业的双赢。④聘请从事文化创意的人员到相关机构授课、举办讲座，加强企业、学校和机构的整体合作。⑤促进职业培训机构的产生和发展。创意产业人才的培养不仅是高校的任务，也是职业培训机构的任务。对愿意从事创意产业的新手来说，高校往往不能够提供在这个行业工作所需要的经验和思维方式，而培训机构恰恰能够弥补这个缺点。⑥通过举办培养文化创意的相关赛事等方式，鼓励学生参与创新活动，增强学生的创新意识。

4. 教育方式：让学生们提出问题，动手实践

各高等院校相关专业根据市场需求及时调整培养方案，增加实践教学比重。其一，创意驱动式教育。高等教育体系中设立专门培养文化创意人才的学科和学院，同时促进教育和科研团队的建设。我们的社会需要采纳一种由问题驱动的教学方式，而不是由答案驱动的方式。应培养学生们更有胆识，更习惯于质疑而不是把一切看作理所当然。其二，动手实践型教育。学生们上手操作机器，做实验，看看那些理论是否真的有效，如果没有效果，那么就去思考为什么无效。

实现从注重教授知识到关注能力和性格培养的思维转变，是因为适应

性、学习能力、运用知识的能力和更新知识的能力在未来的时代越来越重要。教育如今已经超越了知识本身，还包括一些能力和性格的培养，比如战略思维、决策、情商、好奇心等。

（五）支持和提升科技创新能力，推动产业技术创新应用

1. 推进科技成果的转化与应用

提升高校、科研院所的科技创新能力，搭建产学研结合的创新服务平台（产业技术创新研究院、产业创新联盟等），提高产业共性技术研发和供给，推动区域经济高质量发展。发挥企业科技创新主体作用，支持企业积极承担、开展重大研发项目，推动产业结构优化并提升企业核心竞争力。更加大胆地推进科技成果的转化与应用，科技成果转化收入可全部归成果创造者所有，重奖价值增值型科技成果产出，制定官产研协同的科技成果转化行动方案，利用互联网搭建满足市场需求的科技创新成果共享、转化平台。

2. 强化科技对文化的支撑作用

为了发挥文化产业的带动效应，应该引进高新技术。高新技术可以提升文化产品的科技附加值。产业结构优化升级的标志就是产品的科技性，因此政府应该为文化产业提供技术支持。具体来说，应该做到以下两点：第一，政府应该为文化产业提供专项资金，让企业引进现代化高新技术。第二，政府应该充当文化产业与科研机构的媒介，吸引更多人才投入到文化产业建设中。强化科技对文化的支撑作用，依托北京良好的创新生态，着力推进开展文化科技领域关键技术攻关和应用，文化科技融合示范基地和示范企业认定，加快发展文化科技领域等方面重点任务。

技术的创新路径存在高度的不确定性，在新技术的应用前景出现时，会有大量机构和企业对新技术进行投资，从而出现技术创新的潮涌现象，并呈现多条技术路线竞争的格局。当技术趋于成熟并进入产业化阶段后，其进一步完善、扩散仍然要经历一个曲折、漫长的过程。作为一种复杂产品系统，产业化需要来自互补产品技术的协同演进；作为一种通用目的技术，产业化在国民经济中发挥广泛的影响也需要互补技术的提升与互补产品的发展①。

---

① 李晓华，曾昭睿．前沿技术创新与新兴产业演进规律探析——以人工智能为例［J］．财经问题研究，2019（12）：32-42.

（六）鼓励企业加大力度开发国际市场，支持企业“走出去”

当前，我国文化产业国际化程度还较低，文化贸易中服务贸易处于较大逆差状态。而近年来，数字文化产业中大型企业国际化日益加强，海外收入比例快速提高，游戏、动漫、网络文学、音乐、短视频、直播等领域都有一批企业走向海外市场。面向 2020~2025 年，要加大对文化企业国际化的支持力度，鼓励和支持文化服务贸易的发展，支持文化企业海外投资并购，推动中华文化“走出去、走进去”。

1. 大力加强国际科技合作，服务创新之路建设

加强与重点国际组织交流合作，积极吸引各类国际组织总部落户，建设好联合国教科文组织国际创意与可持续发展中心。聚焦价值链高端环节，积极吸引跨国公司地区总部在京发展。发挥首都高端智库集聚优势，进一步加强与“一带一路”相关国家重点大学、科研院所、国际学术组织等智库资源合作，发挥好北京市市长国际企业家顾问会议等平台作用，联合开展共建“一带一路”问题研究和研讨活动，为推动高水平对外开放提供智力支撑。

2. 文化及创意产业“走出去”应利用好境外各类协会、商会组织

“世界中小企业大会”可以作为中国文化创意产业走向世界的桥梁纽带或重要平台之一。在推进国际合作方面，充分发挥各类协会、商会组织和企业的桥梁纽带作用十分重要。这些组织和企业在增进交流、促进合作、协调关系、咨询服务、维权自律等方面为服务企业起到特殊支撑作用。中国文化创意产业可以借助这类平台充分发挥市场化、国际化、多元化的优势，为文化创意产业所在国企业提供技术创新支持。深入挖掘侨务资源，凝聚侨智，发挥侨力，共同参与“一带一路”建设。进一步拓宽文化创意产业合作领域、深化合作机制，推动中国文化创意产业与各国同行实现共同发展。

3. 既要搞好企业经营、培育企业战略，也要遵循产业演变、摸准市场脉搏

要立志将企业培养为产业中的“隐形冠军”，关键还是要敢于把资金用于原创创新上的冒险，这是因为从投入成本、成长周期和失败风险等关键维度都要有高度的耐心，也需要企业有足够的决心、开阔的视野和注重长期发展的战略部署。

此外，对于国际文化产业发展趋势，一是要把握新时代文化产业发展

的内在需求，全球化、科技化、融合化的趋势正在深刻影响文化的发展；二是要构建文化产业创新发展的持续动力，为实施“文化与科技融合发展”战略文化产业发展提供持续动能；三是优化文化产业空间布局，以国家区域发展总体战略为基础，走特色化、差异化发展之路，并大力培育新型文化业态，形成文化产业新的增长点；四是扩大文化产业的国际合作交流，增强中国文化的国际影响力，促进中国优秀传统文化“走出去”，推动文化贸易发展，促进自主品牌创新。

第四章 北京文化及创意产业与金融的融合发展

文化产业快速发展，金融科技和数字金融发挥了不可替代的作用。数字金融的发展成为中国金融业最重要的金融创新，同时又形成了各具特色的文化理念、愿景目标和发展模式。在提升文化金融适应性、可及性以支持文化产业、小微企业、普惠金融的同时，应以文化产业需要和客户价值创造为导向，创新大数据、区块链等金融科技应用，植入平台化基因，构建“文化+科技+金融+行业+企业”的综合服务平台，将中小微企业和大金融的各项业务和服务整合于统一的平台之上，从而更好地为客户服务，推动文化产业快速、健康发展。

第一节　文化与金融文化

金融文化之所以备受关注，不仅是因为金融与人们的社会生活息息相关，更重要的是金融文化对金融业本身所注入的活力愈来愈明显。

一、金融文化的含义

相对于国家文化、社会文化来说，金融文化是一种行业文化。从“总和说”来论，金融文化是指金融行业的全部物质财富和精神财富；从“精神文化说”来论，金融文化表现为金融从业者的思想意识、理想信念、行为习惯、价值观念、道德规范，即金融意识形态。现实中，金融文化可分为金融企业文化和金融监管文化。金融企业文化是金融企业的核心价值观，表现为思想理念、制度理念、行为理念、物质理念；金融监管文化是金融监管机构在金融监管过程中形成的核心价值观，表现为金融监管思想、监管制度、监管政策、监管行为等。

金融文化的出现，是金融与文化相互依存、相互作用的结果。金融发展不仅靠行政、法律、科技的手段加速自己的运行，还将借助文化的羽翼，去加速自己的腾飞。

除了经济学、金融学之外，本身的结构、内容和机制也有文化的含义，可以对金融自身的发展做出文化的评价，如金融的文化功能、金融全球化的含义等。

金融是从实体经济分离出来的，有了几十年的经济发展才有了金融。从现实来看，实体经济和金融应该是相互促进的关系，二者的发展是相互促进的。金融业可以为实体经济更好地配置资源，包括在生产和消费活动中，使生产变得更有效率，消费变得更符合消费者的需要。为实体经济服务，是金融的一个根本含义。

二、文化金融的相关政策与特色

（一）文化金融的相关政策

我国的文化产业发展得益于文化经济政策的支撑，其中文化金融政策的作用尤为明显。文化金融政策与文化财政政策、文化税收政策、文化贸易政策等共同构成文化经济政策，而专门性文化金融政策开启了文化金融整体体系化的进程。文化金融政策专门化的主要特征是：以跨业务、跨部门的金融和文化产业的关系为政策调整对象，由金融监管部门主导或参与制定、发布和执行。文化金融政策是否专门化，是不是有专门的文化政策文本是重要标准。

2014 年，文化部会同中国人民银行、财政部出台了《关于深入推进文化金融合作的意见》（文产发〔2014〕14 号）。这个文件是第一部以“文化金融”为主题的战略性政策文本，是文化金融发展中的里程碑式事件，自此以后，“文化金融”作为一个专业词汇或专有名词似乎就“合法化”了。该政策的意义是：明确指出了文化金融作为产业动力的重要意义；提升了“文化”在金融与文化关系中的主体地位；确立了文化金融作为一种新型金融业态的定位；确立创新驱动原则，突出了机制和体制创新；总结经验，完善了组织实施与配套保障。它基本奠定了文化金融政策的基本框架。

2014 年之后，由于文化金融政策的推动，我国金融体系对文化产业的投入力度大大增加；同时，文化金融政策在上、下两个层面不断提升和拓展，内容也更加丰富，极大地推动了文化产业的发展。第一，文化金融逐步成为国家文化改革总体政策和规划的重要内容。金融支持文化产业的政策内容很早就出现在具有国家战略性的政策文件中。在 2006 年《国家“十一五”时期文化发展规划纲要》、2012 年《国家“十二五”时期文化改革发展规划纲要》中，都有“金融支持文化”的相关表述。2017 年发布的《国家“十三五”时期文化发展改革规划纲要》在“完善和落实文化经济政策”部分直接将其表述为“发展文化金融”。第二，文化金融一般都是文化经济政策的重要内容之一。文化主管部门及地方政府出台的文化经济政策主要体现在关于文化体制改革、文化发展及文化产业的意见、规划、行动计划等政策文本中，都将文化金融政策作为重要内容。第三，国家文化金融专门政策在实施中得到拓展和细化，丰富了我国文化金融政策的内容①。

（二）文化金融政策的特色

伴随着专门政策的制度和实施，我国文化金融政策体系已现雏形，主要包括：文化金融专门性政策（中央和地方）；国家文化金融专门政策在部门和地方政府的实施政策；中央政府文化改革总体政策中的文化金融政策内容；文化主管部门和地方政府的文化改革政策和产业政策中的文化金融政策内容；等等。我国文化金融政策体系在演进中形成了自己的特色。

第一，以文化金融专门政策为主干形成体系。专门政策无法孤立形成体系，需要与文化发展政策等其他政策中的文化金融内容互相补充。在中央、地方各层级的文化发展政策（规划、指导意见等）或文化产业政策中都含有文化金融政策内容，这些也是一种文化金融政策文本，同样具有一定的引导性和约束力。

第二，以服务于整体文化产业政策为政策目标。由于我国的文化产业发展战略是基于整体发展、分业突破的，所以我国文化金融政策也是对应文化产业整体，最终形成了服务于文化产业发展为目标的政策内容体系。

---

① 金巍．文化金融政策体系化十年演进之路［EB/OL］．中国经济网，https：//baijiahao.baidu. com/s? id= 1629117925645970580&wfr=spider&for=pc，2019-03-27.

这是我国文化金融发展的显著特征，也是文化金融之于文化产业的统一规律性。

第三，政策涵盖的金融服务内容和范畴全面。2009 年以来，我国文化金融政策涵盖的金融范畴逐步全面、金融支持方式也更加专业化。文化金融政策包含了银行、证券、保险、信托、基金、担保等行业，包含股权类、债权类、风险管理类、互联网金融类多种金融工具，市场，机构以及金融基础设施等。由于文化金融政策涵盖了大多数金融领域，必然推动文化金融形成一种特殊的金融业态。

第四，注重部门协调机制和政策协调性。文化金融政策所指范围是跨部门、多层次业务领域的，多由文化、财政、金融等多部门联合制定并发布，本身就说明文化金融政策作为交叉性公共政策领域需要高度的部门协调性和政策协调性。机制上主要是中央政府层面的“文化金融合作部际会商机制”；从政策协调性上，重视文化金融政策与公共文化服务政策相协调，与文化体制改革及国有文化企业改革政策相协调，与文化财政政策、文化税收政策、文化外贸政策等相协调。

应该说，我国的文化金融政策体系还处于相当初级的阶段，还有许多内容需要补齐短板，如证券、基金等部门性文化金融政策，更具约束力的相关条例、办法等。即使已经出台的政策仍存在配套措施缺失、执行绩效体系缺失等问题，这需要我们不断推动改进政策管理体制，继续推动文化产业发展和国家软实力建设。

三、金融助力文化产业经济转型的全方位服务

第一，文化产业繁荣发展离不开金融。认识、思考、实践三个方面阐释了金融对于文化繁荣的重要性。文化力就是竞争力，也是生产力。在当前经济新常态下和“互联网+”金融背景下，众多业内人士呼吁，更应重视和加强金融文化的研究与建设，充分凝聚来自各个层面的智慧，在更高的起点、更务实的举措上，深入思考、精心谋划、科学引领金融文化建设健康发展，以应对国际金融市场的风云变幻，提高我国金融企业的整体竞争力。支持文化产业已经成为金融机构的必然选择，文化与金融的融合大有可为。

第二，充分认识文化金融在国家文化发展战略中的作用，坚定发展文

化金融的信心。当前，国家文化发展在综合国力建设中越来越重要，文化产业规模越来越庞大，文化与其他产业的相关性融合性持续加强，没有资本作为产业驱动力是难以想象的。资本需求增长和资本供给短缺之间的矛盾依然是我国文化产业发展的主要矛盾之一，资本在文化产业的持续发展中具有不可替代的作用。

随着新文化经济形态的形成，文化产业与相关产业的融合性加强，文化金融所面对的“文化”边界有极大的扩展空间。因此，推动文化金融发展依旧是文化产业发展中最重大的命题之一。

四、金融与科技带动文化产业升级

（一）金融视角下文化金融的范畴和整合

文化金融是指服务于文化产业生产领域的金融服务形态和资本运营体系。从金融的角度来看，文化金融可以分成四种形式，即股权类文化金融、债权类文化金融、风险管理类文化金融和互联网金融类文化金融。这四种形式是互联网经济背景下形成的金融服务和资本市场新形态，技术对传统金融产品和资本运行模式进行了变革。科学技术、文化创意和资本力量作为“新常态动力”，对经济整体发展显得格外重要。

（二）金融与科技融合，带动产业升级

以 IABCDE（物联网 IOT、人工智能 AI、区块链 Block Chain、云计算 Cloud、大数据 Big Data、边缘计算 Edge Computing）为代表的新技术支持的数字经济的兴起和快速发展在金融创新中扮演着重要角色，驱动产业金融在各环节实现新突破，成为践行普惠金融、发展数字经济的新引擎。这主要体现在以下三方面：第一，线上购物目前已经占到社会零售总额的20%以上；第二，支付宝、微信支付等移动支付已在全球占据领先地位，普惠金融正在深刻影响着普通家庭居民的日常消费习惯和支付行为；第三，网商、微众、新网等新型互联网民营银行已经利用大数据风控等新技术，为缺乏财务数据、抵押资产等“硬信息”的中小微民营企业提供有效的信贷支持。以网商银行为例，截至 2019 年 10 月，已为超过 2000 万家小微企业及个体经营者提供了贷款支持。

现代金融利用大数据、云计算、网络借贷和支付等方式优化资源配

置，实现金融与科技融合，进而带动产业升级，促进实体经济发展。金融科技的发展可以有效地弥补传统金融的天然缺陷，提高金融资源的配置效率①。从企业融资角度看，金融科技创新推动商业银行更好地为企业提供融资服务。通过大数据技术分析企业的经营情况，商业银行能更客观有效地为企业提供信贷和担保服务，从而解决企业融资难、融资贵等问题。从企业运营角度看，区块链技术确保了企业每笔交易有迹可循，降低了业务的违约风险。金融发展有效降低了信息搜索成本，合理发现企业创新的价值。从企业的内生性角度看，只靠企业内部的创新无法使边际效益最大化或因内部创新模式的不健全导致创新无法实现产业化。通过产业融合创新及金融科技的创新推动企业技术创新和产业升级，使企业快速适应市场发展需求，实现经济效益最大化。金融科技创新并不是对所有产业都起作用，其只对高科技密集型产业有促进作用。中国现阶段经济发展需要新的金融服务模式助力产业结构升级，从而推动经济高质量增长②。

（三）产业与金融深度融合，形成产融生态圈

金融赋能产业的政策导向、细分产业的金融需求和产业发展战略的要求，使金融与产业也逐步进入了深度交融的阶段并呈现出新时期的特点。产业金融的演进历程从最初传统的金融服务模式到产业链金融模式，进一步转变为产融生态圈模式，迎来了战略布局变化、商业思维变化和经营主体变化。产业与金融持续深度融合，形成产业链生态共创，最终锻造出“产业是根本，金融是手段，共赢是结果”的产业金融新逻辑，形成以产业为核心，以平台为拓展方式的产融生态圈模式。以支持产业、服务产业的方式，开展金融撮合乃至金融业务，通过平台化方式集合商流、物流、资金流、信息流，并通过科技手段实现线上化发展。

（四）金融赋能科技，促进产融升级

通过金融科技手段进行产业赋能和数据打通（如数据信息、业务信息、场景信息等），使产品服务更加智能、场景结合更加紧密、数据价值更加凸显，不断催生新产品、新业态、新模式，为金融发展提供源源不断

① 刘蕾，鄢章华．共享经济——从“去中介化”到“再中介化的被动创新”［J］．科技进步与对策，2017（7）：14-20.

② 巴曙松，白海峰，胡文韬．金融科技创新，企业全要素生产率与经济增长——基于新结构经济学视角［J］．财经问题研究，2020（1）：46-53。

的创新活力。

2019 年 8 月，中国人民银行印发的《金融科技（FinTech）发展规划（2019-2021 年）》是我国针对金融科技发展出台的第一份全面、科学、具有重要指导意义的政策性文件。金融科技越来越成为产业和金融企业开展业务的重要手段。在科技驱动产业金融的同时，打造具有竞争力的服务和助推产业创新升级，是我国提升综合国力、迈向科技强国的必由之路。

（五）金融科技和科技金融的具体产品及发展形式

金融科技的具体产品包括第三方支付、大数据、金融云、区块链、征信、AI 等。金融科技强调的是金融和科技的结合，落脚点在科技，人工智能、大数据、互联技术、分布式技术和安全技术等底层关键技术在金融领域的应用日益深化。金融科技产业链图完整描绘了整个金融科技生态，从科技支撑到成果转化，再到产业主体，最后到场景应用，形成了完整的产业链。科技支撑主要包括人工智能、分布式技术、安全技术、互联技术和大数据；成果转化主要包括孵化器、加速器、研究机构、行业自律组织和专业服务机构。

科技金融的具体产品包括投贷联动、科技保险、科技信贷、知识产权证券化、股权众筹等。科技金融的发展形式有两种：一种是“互联网+金融”，有条件的数字化平台公司围绕自身产业链筹建非银行金融机构，独立发展金融业务；另一种是“金融+互联网”，金融企业根据产业链发展需要构建数字化平台。科技金融可以连接数据平台、金融企业、产业链上下游，帮助各方优化资源配置、提高运行效率以及降低运行成本。

在这个新生态中，以金融机构、风险投资机构、金融科技公司为主；三者互为补充，形成良好互动。而更广泛的生态圈包括“政企学研社投”，共同协作才能增加更多价值。在一个创新创业的制度下，“文化+科技+金融+行业+企业”构建的综合服务平台之间的关系可以用“相得益彰、价值共生、共同发展”加以概括。

第二节　北京金融支持文化及文化创意产业发展

截至 2019 年 5 月，在北京的整个经济结构中，金融业占比达到了

17%，对北京的经济增长贡献率为18.4%，金融业成为北京市第一支柱产业。金融业有效带动更多的优质资源配置到高精尖产业发展的重点领域，引领北京产业的全面更新与提升。北京是全国唯一的服务业扩大开放综合试点城市，享有先行先试的政策优势。

一、金融推动文化产业高质量发展

文化产业的高质量发展是树立我国文化自信的基石，文化金融积极发挥对于文化产业的支持作用、驱动作用和塑造作用，推动文化产业高质量发展。在数字经济时代，文化产业的生产方式、传播模式与商业模式都发生了颠覆式的变化，形成了特有的、新兴的生态体系。文化金融需要运用金融科技等创新手段，形成符合数字经济发展的金融服务与产品。

（一）金融支持文化产业的市场化实践

金融支持文化产业成长在最近几年取得了较为快速的进展，这都源于中国经济发展的需要：一是营造支持创新的政策、制度与法律环境，保护知识产权，落实竞争中性原则，完善破产、重组的法律体系，实现市场出清。二是积极构建适合支持经济高质量增长的“最优金融结构”，发展多层次的资本市场，推动金融机构更好地为创新活动和中小企业服务。政府为企业创业活动提供良好的金融环境与基础设施，包括落实竞争中性原则、推进利率市场化和良好的信用体系建设。三是减少政府对资本市场的直接“管控”，降低政策不确定性。加大系统性的市场开放，引进更多的机构投资者。提高资本对利润追求的“容忍度”，在明晰责任的前提下培育“容忍失败”的创新环境，为创新型企业提供更加丰富的金融工具、激励机制和制度安排。

通过市场化手段服务创新创业企业，更加精准地契合其发展过程中的实际需求；利用金融科技、创新风控手段，设立支持科技创新企业与小微企业发展的政策性银行，支持创新创业企业的市场化实践。

文化产业的明显特点就是风险性高，难以评估。每个地方的法人金融机构扎根当地，回归本源。多层次、广覆盖的小微金融服务组织机构体系逐步健全。

准确把握文化企业平均生命周期短、首次贷款难、风险溢价高的客观规律，坚持可持续的市场化原则，加大逆周期调节，保持流动性合理充裕，组合运用信贷、债券、股权“三支箭”，精准发力，有效缓解了企业孵化器融资难题。同时，相关部门加强统筹协调，发挥差别化监管和财税优惠等政策合力，文化企业金融服务工作取得阶段性进展。

（二）文化金融基础性条件不断完善

在宏观背景下，金融行业与文化产业的有效对接有助于解决文化产业资金供给量远低于资金需求量的困境，有助于文化产业内部的运营管理和市场结构的优化升级。基于“互联网+”以及信息技术发展的浪潮，凭借科技创新形成的全球资源配置优势以及金融业对文化产业投融资的巨大吸引力，我国文化金融融合发展的新局面得以实现。如新技术拓展了生产和交易的空间，扩大了选择商业模式的空间。如小额贷款可以利用大数据进行分析，对消费者的风险程度进行更好的识别。

1. 多层次市场融资支持体系功能持续完善

票据市场体制机制不断完善，市场规模、参与主体不断扩大。民企债券融资支持系统的落地，有效促进了债券市场融资功能的发挥。新三板市场功能不断提升，区域性股权市场发展初具规模，创投等私募股权基金投入不断加大，政府引导基金作用进一步显现。

2. 风险分担和信用增进机制初步建立

创新保险机构的市场产品，建立健全政策性融资担保制度，设立国家融资担保基金，强化地方政府融资风险分担和补偿机制。加快社会征信制度建设，金融信息数据库与市场征信机构功能互补、交错发展，失信联合惩戒机制不断完善。

3. 金融支持创意企业力度持续加大

围绕科技创新型企业全生命周期不同阶段的融资需求，建立贷、债、投结合的投融资产品体系。创新投贷联动模式，加强创业贷款支持力度，开拓知识产权质押贷款新方式，拓宽多元化融资渠道。

技术增强了中小金融机构的核心竞争力，使得金融服务的范围扩大，为中小微文化产业企业提供了新的发展机遇。

二、金融支持创意企业发展的亮点

强大的产业扶持力度是我国文化创意产业发展的坚强保障，党的十八大以来，我国陆续出台了一系列鼓励文化产业发展的人才、资金、税收、科技、投融资等方面的近百项优惠政策与措施。

（一）政府政策引导

1. 支持文化创意产业的系列政策取得实际效果

为解决文化企业融资难、融资慢、融资贵困局，北京市综合运用银企合作、建立平台、贷款贴息、融资担保、培育上市、设立基金等多种手段，在全国率先建立健全文化产业投融资服务体系。自2006年起，北京市分别设立每年5亿元的文化创意产业发展专项资金和三年共5亿元的文化创意产业集聚区发展专项资金；2012年开始设立文化创新发展专项资金；2015年北京市又投入近6%的财政支出到文化领域，吸引带动社会资本。

近年来，北京市相继出台《关于进一步鼓励和支持民间资本投资文化创意产业的若干政策》《关于促进文化与商务融合加快发展新型文化业态的实施意见》《北京市实施文化产业“投贷奖”联动推动文化金融融合管理办法（试行）》等政策，协调金融机构推出适应企业需求的产品和服务，初步建立起包括贷款贴息、融资担保、创投基金在内的文化投融资服务体系。

为增强财政资金杠杆撬动作用，自2017年起推出“投贷奖”联动政策，通过“政策+市场化平台+服务+生态圈”的模式，在大幅提升文化企业融资成功率的同时，有效降低融资成本。截至2019年底，“投贷奖”累计支持项目2009个，支持金额12.1亿元，拉动投资1071.8亿元，放大倍数达88.4倍。成长性比较好的企业通过“投贷奖”的体系，借助贷款贴息、贴保降低了融资的成本。

融资体系方面，北京在创新、探索和不断调整过程当中，形成了一个较完整的体系，如正式对外发布了“房租通”的公告，对小微初创的文化企业提供房租支持。刚创立的文化企业房租比例大致占30%，这个阶段的重点是提供房租的支持。

2. 金融支持首都文化创意产业发展的指导意见

为了加快推进金融业对我国文化创意产业的服务，使文化创意产业不断发展走向繁荣，北京市政府及相关部门从实际出发制定并出台了一系列政策。主要包括：《关于金融支持文化产业振兴和发展繁荣的指导意见》（2010）、《关于金融促进首都文化创意产业发展的意见》（2012）、《关于进一步推动知识产权金融服务工作的意见》（2015）、《北京市金融工作局中共北京市委宣传部关于印发金融促进首都文化创意产业发展意见的通知》（2012）、《关于支持银行业金融机构在中关村国家自主创新示范区开展科创企业投贷联动试点的若干措施（试行）》（2016）、《关于首都金融科技创新发展的指导意见》（2018）、《深化金融供给侧改革持续优化金融信贷营商环境的意见》（2019）等。这些政策都从宏观角度对北京文化创意产业的金融支持问题提出了相关要求，对其发展工作作了相关部署，明确了二者的对接和融合方向。

3. 北京发布“科创金融十七条”

为增强金融服务实体经济能力，2020 年 1 月 10 日，北京市金融局、央行营管部等部门联合发布《关于加大金融支持科创企业健康发展的若干措施》（以下简称“科创金融十七条”）。“科创金融十七条”包括六大方面共 17 条措施。在关于“扩大信贷融资规模”与“优化融资担保体系”两方面，明确定出“三个 15%”“不低于 150 亿元”以及“增资 30 亿元”等量化指标，分别针对辖区内不同类型的金融机构，提出支持科创企业在京发展的要求。

（1）明确定出“三个 15%”。“科创金融十七条”的第一条就是，鼓励辖区内银行 2020 年科创类企业贷款同比增长不低于 15%，有贷款余额的户数同比增长不低于 15%，力争开拓科创类客户不低于贷款户数的 15%。贷款总额同比增长不低于 15%，确保贷款从总量上增速超过一般企业信贷，金融机构向这类企业放贷的能力得以增强；有贷款余额的户数同比增长不低于 15%，使能够获得融资支持的企业数量增加；开拓科创类企业客户不低于贷款户数的 15%，进一步量化了金融机构信贷支持向科创、民营、小微企业下限倾斜。

（2）150 亿元再贴现引导利率下行①。2019 年 9 月，“京创通”专项再贴现产品试点推出，通过对金融机构实施授信配额、对科创型民营和小微企业实行名单制管理，进一步简化了申请、审批流程。截至 2019 年末，“京创通”累计投放资金超过 12 亿元；商业银行申请“京创通”票据加权平均贴现利率仅为 3.06%。

“科创金融十七条”提出，为金融机构办理科创、民营和小微企业票据再贴现年累计不低于 150 亿元，支持金融机构提升优质科创类企业票据

---

① 所谓再贴现，是央行从商业银行买入银行持有的已贴现但尚未到期的商业票据，向商业银行提供资金支持的一种方式。

融资便利度。

(3) 破解银行不敢不愿贷困局。为了让银行放心贷款，“科创金融十七条”规定，对服务科创类企业担保的政策性融资担保公司再增资 20 亿元；北京融资担保投资集团对北京再担保公司增资 10 亿元，并建立市财政对再担保业务的风险再补偿机制。例如，北京再担保公司自 2008 年成立以来，累计为超过 11 万户提供了超过 4000 亿元的再担保支持。截至 2019 年底，科创企业占比已达 66%。这次市政府决定对再担保公司增资 10 亿元，并建立对北京再担保的风险再补偿机制，可以更加充分发挥再担保公司在北京市政策性担保体系中的基础性平台作用。

(4) 资本将成为连接产业与金融的纽带。在产业金融中，资本不仅是获利手段，它还帮助产业金融企业形成了与合作伙伴间的关系纽带，在共赢的目标下实现整体共同发展和价值增值。如今国内股权投资呈现井喷态势，产业金融企业纷纷将资本作为实现产融结合的重要手段。

除了信贷规模和融资担保方面的支持，“科创金融十七条”还提出支持科创类企业上市挂牌融资，加快“新三板”改革落地，扩大“双创债”融资规模，建立全市统一的供应链金融公共服务平台，加大清理市属国企、政府机关拖欠企业账款工作力度等多项接地气的实际措施。这 17 条措施旨在解决科创类中小企业长期资本获得不足的问题，通过加大对科创型企业的资金支持，北京将力争实现到 2020 年底在京境内外上市公司总量超过 600 家。

(二)“文创四板”为文化创意企业融资提供文化产业股权交易平台

2019 年 6 月 26 日，北京“文创四板”挂牌孵化培育基地在国家文化产业创新实验区（以下简称“国家文创实验区”）文化金融服务中心正式启动，标志着由国家文创实验区联合北京股权交易中心（北京四板市场）共同建设的北京“文创四板”正式投入运营。它为北京市文化企业提供股债融资、培训辅导、股权管理、四板挂牌、转板上市等专业服务，助力文化产业升级发展，充分发挥区域资源优势，推动文化金融深度融合，打通文化资源和金融资本对接渠道，引领文化业态创新方向，全力打造“首都文化金融融合发展引领区”。

北京股权交易中心是按国务院、证监会的统一部署，经市委、市政府批准设立的北京市唯一区域股权市场。截至 2019 年 5 月底，北京四板市场累计服务企业超过 1.2 万家，包括挂牌展示企业近 5000 家、登记托管企业近 1400 家、培训新三板挂牌公司 4000 余家、服务拟上市和上市公司 1000 余家，其中 20%是文化类企业。它帮助企业累计获得的股权和债务融资额超过 300 亿元。

国家文创实验区是全国唯一的文化产业创新实验区，区域内优质文化企业聚集、政策和服务体系完善、各类资源和要素丰富，具有建设“文创四板”的独特优势和成熟条件，文化创意企业将通过“文创四板”与多层次资本市场串联，走上文化发展快车道。发挥文创实验区创新实验、先行先试的优势，打造综合型、创新型文化金融服务平台，为北京市的文化企业提供更具有针对性的资本市场融资和规范发展服务，让更多处于成长初期的优质文化企业能享受到资本市场的专业服务，有效构建起企业发展初期所缺失的资本市场支持机制，切实把北京四板市场——文化创意板打造成首都资本市场体系的重要一环。

北京四板市场利用“中国文化企业最聚集区域”的园区资源优势，通过“蜂鸟计划”遴选出一批发展快的优质文化企业，建立起上市企业和“独角兽”企业储备库，提供四板基地、上市培育基地等平台，为处于不同发展阶段的文化企业提供多样化、多层次的投融资服务。国家文创实验区内共设立文创专营支行、文创特色支行 16 家，为文化创意企业提供“文创普惠贷”“蜂鸟贷”“文创创业贷”等 30 余种特色金融服务产品。国家文创实验区联合银行、担保、信评机构等建立文化企业信用评价体系，破解文化企业融资难题。

我们也需认识到，北京股权交易中心等打造的“四板”，并不是证券交易市场，而是资本体系中最基础的小范围股权交易平台。它们就像股权交易的“易贝”一样，目前既不具备高流动性，也不需要高流动性，平台上的企业大多也还处在起步阶段，但“四板”的好处就是服务中小微企业，让它们有吸引投资的渠道，也为企业后续发展打开资源、资金合作的一扇窗口。

（三）产业金融为服务实体经济提供了新的手段和方式

在科技赋能的浪潮下，中小微企业客户的需求促使金融机构提升定制化管理能力，形成更有效的产业金融服务市场。传统金融机构在经历野蛮式生长后，业务模式局限性逐渐凸显，金融服务实体经济的能力亟待提升。在企业发展过程中，实体产业不断细分产业金融需求，产业金融为中小微企业的多样化需求提供新的融资手段和方式。

金融与科技两者之间的机制结合在于股权众筹。股权众筹在美国、欧盟的实践，已经证明了它是成功的。目前股权众筹是比较规范的，成功率、效率也很高。国际上最适合股权众筹的两个行业就是科技和文化，高科技、好的文化创意都可以给投资者看一看。因此，可以说众筹本身就是注册制，因为要对投资者进行披露，并且由投资者来判断。对于众筹投资者要注意风险保护，所投不能超过所有资产的10%，并且要进行合格投资者实验。

随着我国企业日益增长的多层次融资需求、大量中小微企业亟待满足的贷款需求以及科技创新带来的金融机构创新需求，产业金融服务可以在“回归服务实体经济本源，主动防范化解金融风险”中大显身手。

第三节　银企合作表率——以北京银行为例

北京银行具备文化金融方面的实践经验，打造文化金融特色品牌、建设“文化创意企业最佳服务银行”，在中国银行业率先探索金融支持文化创意企业，包括开创文化金融多项第一，完善文化金融组织架构，创新驱动、服务特色和与文创企业共赢成长。截至2018年末，北京银行对文化创意企业的贷款余额为708亿元，增幅25%，累计为近6500户文化创意企业提供贷款2500余亿元，市场份额居北京首位。

一、打造文创信贷工厂2.0升级版本

（一）推出信用贷款产品

北京银行推出“融信宝”产品，为中关村科技园区具备条件的中小企业发放纯信用贷款，截至2018年末，已累计发放贷款超过240亿元。此外，还先后推出了“创新智权贷”“文创信保贷”“文创普惠贷”等文创特色产品①。

---

① 中国中小企业信息网，http：//iitb. hainan. gov. cn/hisme/xxzx/cjkx/201907/t20190702_3205307. html。

强化业务模式创新、服务方案创新、渠道合作创新“三项创新”，小微金融服务特色更加彰显。为助力企业登陆科创板，北京银行推出科创板服务方案，支持科创板申请企业 28 家，累计授信超 41 亿元，北京地区 27 家受理企业中，17 家为北京银行客户。北京银行响应国家号召，升级“智权贷”产品，积极延伸知识产权质押融资服务范围，更好满足“专精特新”科技企业融资需求。

（二）打造多类型的投贷联动生态圈

北京银行作为首都唯一投贷联动试点法人银行，其中关村分行率先设立投贷联动中心，组建投贷联动专职团队，支行层面设立投贷联动特色支行。该支行以投贷联动试点为契机，推出“投贷通”产品，运用“投资+贷款”的双渠道融资支持文化创意企业运作发展。

截至 2018 年末，投贷联动累计落地近 200 笔、超 23 亿元，科创客户占比 80%。2017 年 6 月，北京银行牵头设立“北京银行中关村投贷联动共同体”，首批成员包括北京银行、中关村发展集团、北京协同创新研究院、联想控股、中关村信用促进会等 63 家单位，搭建投贷联动发展生态圈。

（三）探索服务特色模式

北京银行通过特色产品“驱动”，打通文化金融服务“最后一公里”。针对初创期企业，提供创业贷、“文创信保贷”、“文创普惠贷”等专属产品；针对成长期企业，提供版权质押的“软件贷”“智权贷”等特色产品；针对成熟期企业，提供包括并购贷款、中小企业集合票据、产业基金、现金管理等在内的一揽子综合化金融服务。实现文化创意企业“创业孵化+股权投资+债权融资”等一体化服务。

（四）拓宽抵（质）押物范围

针对轻资产型、初创型和科技型企业抵押担保难等问题，一些银行业金融机构积极创新专利权、商标权等知识产权融资产品，进一步拓宽抵（质）押物范围，有效缓解企业融资难题。如中国银行推出“中关村模式”①，认可企业核心技术及专利权的资本属性，为科创型企业孵化器增信

① 为破解科技型中小企业融资难题，中国银行以中关村为试点，按照先行先试的原则，进行了充分调研、论证，在吸收传统信贷模式和中小企业新模式优势的基础上，为中关村国家自主创新示范区设计推出了专属模式——中关村科技型中小企业金融服务模式（简称“中关村模式”）。2010 年 12 月 3 日“中关村科技型中小企业金融服务模式”正式启动。

增贷，目前已在北京中关村、上海张江、天津滨海、武汉东湖、广东广州、江苏南京与苏州等地推广。截至2018年末，“中关村模式”累计向科技型中小企业投放贷款550余亿元，累计服务客户超过4500户。北京银行还推出知识产权质押的“智权贷”、软件著作权质押的“软件贷”、未来收益权质押的“节能贷”等产品。

二、创立首家文化创客中心

2018年11月30日，北京银行在前门地区创新推出首家银行系统“文化创客中心”，为文化企业特别是创业创新文化企业构建线上线下服务空间。其通过构建创业孵化空间服务平台，为新创文化企业提供多元化服务。北京银行文化创客中心突出为文化创意企业服务，针对创意设计、媒体融合、广播影视等重点领域，同时也涵盖对高成长创新企业的支持。

文化创客中心包含线上、线下两大功能空间：线下空间包括文化展示区、路演沙龙厅、私享会议室、创业孵化区、创客咖啡吧五大功能区域。线上空间包括借助互联网渠道开展会员招募、活动组织、线上路演等系列活动。文化创客中心将通过“创业培育工程、导师大讲堂、创业路演、精品私享会、投贷一对一”五大主题活动为企业提供一站式融资融智服务。北京银行首期邀请了十位业内“大咖”作为文化创客中心的导师，为入孵企业提供辅导。文化创客中心导师分为企业家、院校学者、创投机构三大类，为学员提供包括创业指导、政策解读以及投融资支持等全方位、“管家式”服务。首期企业家导师涵盖了设计创意、影视制作、动漫游戏、出版发行、文化旅游等多个行业维度。

三、金融业务创新，打造全产业链服务

（一）IP产业链文化金融服务方兴未艾

在打造文化金融事业总部的同时，北京银行还发布了业内首个“IP产业链文化金融服务方案”。针对部分重点领域的发展趋势，北京银行在业内首次推出了“文化IP通”金融服务方案，下设IP融资通、投资通、服务通三大系列，包括IP孵化贷、IP开发贷、IP评估一站通等十

余种专属产品及服务。长期以来的客户资源积累和2018年获得的投贷联动试点资格是北京银行此次打造“IP产业链文化金融服务方案”的重要支撑。

针对“内容为王”IP时代的到来，特别是基于文化娱乐、互联网渗透发展，IP内容提供方、运营开发方、衍生拓展方、外围服务方等在研发、营销、发行、粉丝运营层面互动合作形成IP文化生态，市场更凸显了对IP整合延展的金融需求。在此背景下，北京银行“IP产业链文化金融服务方案”应运而生。该方案将文化创意企业“IP内容流”与金融服务“资金流”有机结合，形成了创新引领、链式延展、扶小助大、投贷联动、专注专业、全程无忧的六大特点属性。

（二）借力金融科技，深化“移动领先”战略

北京银行手机银行APP持续迭代升级，平台运营能力和客户体验持续提升，手机银行结算交易量同比增长44%，月活跃客户数同比增长90%。该银行发布“京信链”供应链金融创新产品，创新升级“京管+”企业手机银行，供应链金融线上化、数字化、场景化发展取得显著突破。

（三）全力推进数字化转型战略

北京银行持续发力数字化转型，持续夯实金融科技基础设施。据悉，北京银行顺义科技研发中心将极大提升北京银行的科技硬件实力，为数字化转型提供更为强有力的支撑。同时，它还加快推进知识图谱、风险滤镜等人工智能项目，大数据服务拓展至210项，成为全行科技建设的“蓄水池”、技术创新的“孵化器”。

在风控方面，北京银行加快风控数字化转型，实施“京行预警通”系统上线，实现企业信息深度挖掘、风险信息实时提示、舆情信息分类梳理的有机统一，成为前瞻性、智能化风险防控的有力武器。

截至2018年末，北京银行文化金融贷款708亿元，累计为6500户文化创意企业提供2500亿元的支持，市场份额在北京牢居第一位。与此同时，北京银行与华为技术有限公司签订战略合作协议，并与联想集团、用友网络科技有限公司等企业合作。北京银行为北京市89%的技术有限公司创业板、87%的中小板上市企业以及80%的新三板创新企业服务；支持了“独角兽”企业29家，在科技文化融合领域推出了创意设计贷专属产品。面向未来，北京银行一方面继续推动文化金融科技与科技金融服务广大企

业，另一方面要开启服务首都文化中心新征程：围绕政策布局，开启文化金融新征程；围绕市场布局，抢抓文化金融新机遇；围绕客户布局，打造文化金融新亮点，持续推动金融加科技融合发展。

四、持续开辟金融科技产业高地——以“金科新区”为例

自2018年5月底挂牌至今，金科新区吸引了中移金科、建信金服、爱保科技等41家重点金融科技企业入驻，注册资本金近700亿元，其中注册资金亿元以上企业14家。

金科新区以西城区北展地区和海淀北下关地区为核心区，以德胜地区、广安地区为拓展区。《关于支持北京金融科技与专业服务创新示范区建设的若干措施》（以下简称“金科十条”）于2018年下半年出台。“金科十条”从重点支持领域、人才引进培养、应用场景示范、国内国际交流、城市品质提升、营商环境优化等方面给予企业大力支持，全方位降低企业和专业服务机构等运营成本，为入驻企业和机构提供精准暖心服务。2019年以来金科新区还建立了北京金融科技研究院；推动建立金融科技研发生态，设立了北京金融科技产业投资基金，引导金融科技头部企业落地。同时，其在楼宇内创造5G试验场和相关应用场景，为企业提供最前沿的技术环境及服务支持，还有一系列的环境提升、营商环境优化措施正在跟进。

金科新区的使命就是着力防范金融风险、创新金融服务、促进产业发展，聚焦服务金融安全、创新专业服务，最终形成一系列面向全球的创新产品和服务模式，成为全球金融科技创新的重点区域之一。未来这一区域将为北京发展高精尖的“白菜心”产业提供金融科技支撑，为首都高质量发展和活力创新赋能。

中国最富有的一条街——金融街遇到中国最具活力的一个村——中关村并相互融合赋能形成的“一区”，必将迸发出巨大的能量，成为中国金融科技引领世界创新发展的金名片。金科新区整合了最富“一街”和创新活力最强“一村”的资源优势，立志要建设与美国华尔街、伦敦金融城比肩的金融科技产业高地。

第四节 金融助力文化产业发展中存在的问题

近年来，政府和金融机构通过对制度、产品和服务的不断创新，持续加大金融支持力度，不断提升金融服务于文化产业的广度和深度。文化产业中的中小企业金融服务的覆盖面、便利性不断提升，融资成本有所下降，融资环境持续优化，融资难、融资贵等问题得到明显改善。但同时也应该看到，文化企业的金融服务仍是我国金融服务的薄弱环节，特别是经济发展进入转型期以来，金融服务供给与文化企业融资需求之间仍然存在差距和不匹配的情况，文化企业融资难、融资贵问题还一定程度存在，需要持之以恒予以改进。

一、文化产业融资受政策和经济影响较大

从资本结构上，摆脱过度依赖间接融资，转向直接融资，是文化产业金融的发展方向。以往的金融主要货币金融，未来的金融是资本金融，我们正处于一个过渡时期。以往，文化产业金融过度依赖间接融资，主要是依赖信贷市场，如今这种结构正在发生变化。各级政府都鼓励文化企业通过发行企业债券扩大融资，鼓励企业上市，鼓励企业进行并购重组，鼓励设立私募股权基金投资文化产业，应该说成效是显著的。

经济发展面临的国际环境和国内条件都在发生深刻而复杂的变化，经济下行压力增大。文化企业发展面临的经济下行约束加强，融资能力以及财务可承受力下降，客观上加重了中小文化企业融资困难。一方面是经济结构调整进入阵痛期；另一方面房地产、汽车等传统支柱产业进入调整阶段，大部分新业态和新动能在量级上仍弱于传统支柱行业，消费增长相对乏力，加上企业用工、水电、土地、环保等各项成本上升，文化企业利润率整体下滑。

二、金融机构组织体系和服务能力有待改进提升

文化企业融资具有“点多面广”和“短平快”的特点，我国目前的金融组织体系和机构布局在广度和深度上仍显不足，金融服务的能力和水平仍然具有改进空间，尤其是与广大中小文化企业对金融服务的期待还有差距。

（一）中小金融机构作用发挥与传导机制有待改善

一是中小金融机构发挥作用相对不足。我国金融组织体系以大中型银行机构为主，中小金融机构在业务规模、覆盖面、市场份额上都相对较低，对中小微企业金融支持差距较大。二是大中型金融机构整体联通机制不畅通。它们虽然普遍成立了相应的部门，但在差异化信贷管理政策、授信审批权限、尽职免责、考核激励等制度安排上还未全面落实到位，基层信贷员对文化企业还存在“不愿贷、不能贷、不会贷”的问题。三是信贷结构分布不尽合理。金融机构对政府信用的依赖仍然较强，“垒大户”“吃快餐”的思想尚未根本扭转，房地产、基础设施、国有企业占用的信贷资源释放仍需要一个过程。四是金融机构服务手段和创新能力不够。仍存在较普遍的抵押文化，对企业发展潜力、人才储备、技术能力等“软信息”的评估和精细化分析能力不强，风险定价模式单一，缺少差异化、针对性的金融产品和服务方式创新，与文化企业的发展特点和融资需求不相适应。

（二）政策性担保体系的支撑作用尚未完全发挥

文化企业经营风险和信贷风险相对大中型企业偏高，商业银行获得的收益较难完全覆盖风险，需要政策性担保机构提供支持。虽然目前我国已有相当数量的政策性融资担保公司，但受制于体制机制障碍，实际担保效果尚未有效发挥。一方面，担保放大倍数偏低：多数政府性担保公司的放大倍数低于两倍，部分担保机构存在资本金不到位和“担而不偿”等问题，没有真正发挥财政资金的杠杆作用；另一方面，正向激励不足：政策性担保公司的绩效考核方法不科学，过于侧重盈利和资本保值增值等指标，风险容忍度较低，缺少相应的尽职免责机制，影响业务人员积极性。部分政府性担保公司缺少市场化运作的经营团队和专业人才，现代法人治

理结构和管理制度不健全，难以支撑文化企业融资担保业务开展。

(三) 社会信用体系和营商环境有待优化

目前我国社会信用体系和企业营商环境不完善，是制约持续改善文化企业金融服务的重要因素之一。一是银企信息不对称问题亟待解决。文化企业融资难主要难在缺信息、缺信用，企业的信用信息和经营信息对金融机构至关重要。目前部分地方政府搭建了统一的企业信用信息共享平台，取得了较好效果，但受多方因素影响，全国范围的信息共享机制尚未建立，银行获取信息的难度和成本还比较高。二是企业信用意识仍需提高。由于债权人保护法律制度和信用惩戒机制尚不健全，部分企业诚信意识不足，逃废债行为在部分地区和行业依然存在，破坏了银企信用关系，影响了区域金融生态环境。三是竞争中性原则有待进一步落实。当前我国在落实国有企业和民营企业竞争中还存在一些障碍，如部分行业准入存在限制、产权保护力度不足，部分地区存在地方保护倾向、国有企业拖欠中小企业应收账款等现象均不同程度存在，民营和中小文化企业在经营发展中仍面临隐性壁垒，仍缺乏市场竞争力。

(四) 金融支持体系不完善

1. 金融支持中小文化企业面临着更高的风险成本

中小文化企业治理结构不够完善，运营管理不科学，财务制度不健全，导致金融机构无法准确识别企业的生产经营及财务状况，金融服务的信息获取成本较高。中小文化企业贷款的经营成本和风险显著高于大中型企业，如果没有成熟的贷款管理和风控技术，商业银行大量投放中小文化企业贷款的可持续性面临挑战。

2. 金融支持行业分布不均衡

软件网络及计算机服务、广播电视电影业、旅游休闲娱乐和新闻出版四大行业已成为文化创意产业的主体力量，其发展相对成熟、规模较大，所以也是获得金融支持最多的几个行业。新三板倾向于动漫、数字出版、网络游戏等具有高新技术的中小文化企业。文化艺术、艺术品交易、设计服务等获得金融支持则较少。

3. 金融服务体系和传导机制不完善

金融业支持文化创意产业发展已取得一定效果，但其对文化产业的服务系统还有待完善，对文化创意产业的支撑作用仍需进一步加强。银行业由于自身的缺陷难以对文化产业进行准确评级和授信，所以对文化产业的贷款发放相对较少。而保险业目前对文化产业的关注很少，由此文化产业在保险市场有极大的空间和发展潜力，保险机制的引入也可以弥补企业融资的信用不足。

4. 金融支持中小文化企业服务的可持续性较差

中小文化企业规模小、竞争力不强，抵御风险能力弱，容易受到宏观经济形势和行业周期的影响，这就造成中小文化企业金融服务风险成本更高。问题是很多企业就是机会主义者，别人做了我去模仿，别人做了我去跟随。机会主义在后发的初始阶段是可以的，但是绝对不能对机会主义产生路径依赖，一定要有自己的模式、自己的成果。

三、贷款融资门槛高，文化企业融资能力不足

（一）文化企业融资结构不平衡

文化企业知识性的特点使得其发展需要高新技术的支撑，融资时有高投入、高风险、高回报的特点。而多数的文化企业固定资产少，缺少机器、厂房等“硬资产”作为抵押品。因为缺少“硬资产”等抵押品，所以商业银行等金融机构较难获得必需的抵押品补偿其投资风险，最终无法通过商业银行的贷款评审，无法获得贷款①。

在风险防范上，信贷结构的不均衡加剧了文化企业的融资困难。另外，文化企业复制成本低、边际成本小，有时甚至趋向于零；同时，其传播速度快，原有融资模式无法满足众多文化企业的融资需求。

（二）文化企业盈利能力具有不稳定性与不确定性

文化企业盈利能力不稳定和不确定的局限使它难以获得银行等金融机构的青睐。对于文化企业来说，创意是核心，由于其独创性和独占性，在市场上无价格因素可参考。以文化为支撑的无形资产也只对特定企业才有意义，其价格因素更加不确定。这就导致了其盈利能力的不确定性和可持续盈利能力的不可预测性，容易增加金融机构的贷款风险，也抑制了银行和其他金融机构为其提供资金的意愿。

① 杜亚．法律视阈下文化创意产业融资问题研究［D］．上海大学博士学位论文，2017.

文化创意产品的非规范性和个性化特征使得人们对创意产品的消费更多地看重“精神层面”，而“精神层面”的产品市场需求难以预测，并且其具有可选择性、个性化、多样化等特点，难以实现顾客的普遍性共鸣。此外，消费热点与市场潮流息息相关，具有较强的时效性，使创意产品的价值实现过程更不稳定，这也增加了融资风险。

（三）银行对文化企业的授信意愿不足

知识产权是文化的战略核心资产，一般以版权的形式表现。但是，文化创意企业的版权价值不易评估：其一，无形资产确权难。专利、版权等无形资产没有实体载体，归属不明现象突出。其二，无形资产评估难。例如，电影和电视剧本、表演艺术及其他作品可以进行高度标准化的评估，而书法和绘画艺术、动画和其他作品都是低标准化的资产，容易出现评估溢价或折价无形资产，这就增加了评估商业价值的难度。其三，无形资产流动难。由于缺乏权威的文化产权交易市场和相应的交易制度，难以实现产业要素跨部门的大规模流动。其四，各地文化财产交易缺乏整合导致市场分割和贸易壁垒。总之由政府、银行、担保公司、租赁公司、文化产权交易市场和评估机构等多方合作支持小微文化创意企业融资必不可少。

四、文化企业直接与间接融资的比例不平衡

近年来，文化企业通过股票、债券发行而获得的直接融资、间接融资占银行贷款的比重在下降，并且远低于发达国家50%以上的水平[①]。

在间接融资上，文化企业在无固定资产抵押、无担保机构的情况下，难以获得银行的信贷融资。一般而言，间接融资解决短期资本，直接融资解决长期资本，且长期资金的使用难以满足人们对文化企业的需求。

在直接融资上，文化企业不太适合股权和债务融资。许多文化企业的财务状况难以达到上市融资的要求。天使投资、VC 和 PE 则更适合于文化企业，但还是受到资本利得税等配套政策的滞后、股权资本退出渠道不畅、退出机制不通、核心股权不稳定等因素的制约。

① 李军．文化创意企业投融资创新［M］．北京：中国传媒大学出版社，2014.

在债务融资上，中小微企业等债务融资方式已不能满足文化企业的融资需求，包括大企业都在以集体发债方式“借钱”。

金融转型关键是要支持经济创新，也就是说，支持经济高质量发展，就要求高质量、有效的金融体系，关键是如何支持经济创新活动、实现可持续增长。金融的理念与实践都需要创新，可以考虑从以下三个方面入手：第一，资本要有足够的耐心；第二，风险管理要适应创新的特点；第三，要在明晰责任的前提下容忍失败。文化企业与金融融合的结构不平衡，民营企业的融资难，有效、多元的科技、文化金融服务体系缺乏，复合型的科技、文化金融人才缺乏等方面的问题是短板，应当补足、夯实。

五、文化金融发展中的主要问题

第一，文化产业资源高质量开发不足，文化产业市场化程度较低，各类市场主体发展不均衡，工业化体系建立，产业链完善存在较大空间。

第二，文化产业投资风险制约文化金融的发展，导致融资难。文化产业投资的一个非常大的风险不确定性涉及内容意识形态的问题，一般文化科技不会触及这个问题，完全符合国家的支持。因此，投资不是没有风险，而是有效控制风险，有效管理风险，有效利用合理可控风险，获得未来最大收益。

第三，建立一个新的商业模式。风险资本投入，获得大量的人口红利和用户，再获得大量的资本继续往前跑的模式结束了。中国商业在未来的一段时间里，需要越来越多的慢功夫。无论是硬科技行业，还是文创行业，一家企业能走多远靠的将是研发能力和内容能力，而不是仅仅靠商业模式的创新。商业模式创新形成新的文化金融需求，如何有效支持文化产业创新发展，成为文化金融面临的新挑战。

第四，对文化金融提出了更高要求，文化金融需要为文化产业高质量发展注入新的动能。但由于文化产业存在投入产出不对称，以及文化消费不确定性等特点，导致传统金融产品无法完全满足相应产业的金融需求。因此，文化产业金融生态亟待改善。

第五节　金融促进北京文化产业发展的对策措施

一、进一步完善文化产业高质量发展体系

完善文化经济政策体系和制度安排，提升首都文化治理效能和文化产业高质量发展水平。

（一）组织实施产业促进行动

围绕如何发展北京文化产业，着力实施九项促进行动，并提出了工作指向、主要任务和具体措施。在产业空间拓展方面，结合非首都功能疏解，提出加快文化产业功能区建设，加强老旧厂房保护利用，以及京津冀协同发展等有关内容；在重点企业扶持方面，针对近年来龙头企业缺失等情况，提出企业梯度培育，实施“旗舰计划”“涌泉工程”和“滴灌行动”，着力打造优质的龙头发展企业。在文化金融创新方面，依托国家“文化产业创新实验区”和“文化金融合作示范区”的发展试验政策，加快建设文化产业信贷、担保、产权交易、投融资等金融服务平台；引导银行、担保等金融机构与文化产业加强联系、开展合作；建立健全文化产业金融评估体系和信用体系等配套措施；建立文化投融资平台，积极探索版权质押、风险投资、股权投资等多种文化金融服务方案；引导不同所有制形式的金融资本聚集，构建支持北京市文化产业发展的金融支撑体系。在工作机制、政策体系、资金保障等方面建立更完善稳定的结构，这也可以作为文化产业的创新发展的全方位支撑。

（二）建设文化产业政策体系

政府给予有效的产业引导，构建金融对文化产业的支持体系，形成一条完善的文化产业链条。文化及文化创意产业多是由众多的小微企业组成，其信贷额度需相应地调整、配合，促进不同企业的发展。政府应引导金融机构满足客户的借贷需求，为一些在文化产业中有前途的企业提供金

融服务①。

1. 政策制定，政府支持

2018 年 8 月 21 日，北京市正式发布《关于推进文化创意产业创新发展的意见》（以下简称《意见）》，明确指出未来北京文化创意产业将构建“数字创意”和“内容版权”两大主攻方向以及“九大重点领域环节”，打造文创“高精尖”内容体系。《意见》为文化创意产业的发展明确了方向目标，并提出了任务措施，也为首都文创构建“高精尖”的产业结构提供了一份可靠的发展“指南”。《意见》要求继续推动文化创意产业快速发展，促进资本投资汇聚，提高文化创意发展水平，从政策、产业、服务、人才等多方面持续加大对文化创意企业的发展支持，以更丰富的形式和业态，进一步提升文化创意产业创新性，满足大众对文化创意产业的需求。

由于文化创意企业自下而上成长起来，而政府从上往下发挥作用，所以在文化创意企业产业链系统的建立上，政府可以起到推行真正关键的举措的作用。在帮助文化创意企业的产业链与国内外其他文化创意企业建立联系上，依然可以发挥一定的作用。文化创意企业产业链之间链接越紧密，越开放，就会发展得越快。

2. 制度设计

完善制度体系可以为文化金融服务创新提供一定程度上的平台保障。政府在创建文化创意企业的过程中扮演着重要的角色，运作一系列项目助力创新。从概念、实验、投资，到扶持孵化器企业的成长，政府创新经济部门参与每个环节，为创新建立基础，却不过多干预，并在风险过高时重点发力支持。

打造文化金融服务创新软环境的同时，也必须着力推进这一体系的组织架构建设，这包括一系列涉及文化金融产业相关的单位，如政府、企业、协会、金融机构等组织，以及一系列新兴单位诸如文化产权交易所、文化保税区等，这类完善的制度体系可以为文化金融服务创新提供一定程度上的平台保障。

3. 构建更为完善的法治和市场化环境

从国家层面来看，关键是构建更完善的法治和市场化环境。当前可能

① 范周. 金融改革为文化产业发展带来的新机遇［EB/OL］. 2018 中国文化金融论坛，http：//www. sohu. com/a /281101990 _550313- 2018-12-11.

有些问题变得非常突出，特别是个人信息的保护、政府和市场、垄断与竞争、公平与效率、债权人和债务人的平衡、市场准入退出方面等，都需要在健全的法制下进一步规范。一方面要坚持市场化、法治化原则，加快健全违约处置的机制，问题机构的处置机制，对相关方面的责任和权利进行规范；另一方面还需要进一步优化破产重整方案，以及有关管辖权的规定，进一步强化和明确受托管理人、债权人等权利义务，大力建设专业的破产法庭，集中受理破产企业的债务违约案件，大幅度提高破产重整和重组的效率，加快健全个人债务的庭外处置机制。

4. 创新平台建设

《意见》中还包括了要推进文化金融服务创新平台建设，并以制度与价值导向为依托。作为新生事物，与其他的行业、部门相比，文化金融服务在建设制度和监管方面文化金融服务更为复杂。现阶段，其核心为版权交易、根本是资源和人才的创新文化金融服务，目前还需要建立在科学合理的制度安排基础上，只有这样，才能保证交易顺利完成、资源充分流通以及人才的活力在创新平台上活跃。为了实现这个目标，此制度安排就必须解决以下问题：如何有效地促进文化与金融的融合，在此基础上文化金融能否健康成长；如何科学地设计文化产权交易、版权交易与在这些交易中风险的分摊与防范；如何建立起完善有效的文化金融服务项目监管等制度；如何实现政府对文化金融服务动态高效的管理；等等。

数字化平台连接产业链上下游企业，掌握真实的交易信息，可以与各类金融机构合作，为供应链上成千上万的原材料、加工、分销企业提供融资、贸易、资产交易等金融服务。在这个过程中，只要数字化平台把控好资金来源、杠杆比率，就能大幅度降低风险，获得合理的利润，还能有效发挥普惠金融功能。

5. 构建文化创意企业信用评价体系

推动信用信息整合共享。基于全国信用信息共享平台，国家发展与改革委员会建立全国中小企业融资综合信用服务平台，和金融机构共享与融资授信密切相关的中小企业信用信息，创新开发“信易贷”。一是充分发挥征信中心、征信机构作用，对文化创意企业的公共信用信息进行有效采集、共享及运用；二是引导民营企业和创意企业合法经营、审慎经营，加强财务管理，合理利用经营资源；三是推动文化创意企业创业创新基地发展，整合服务资源，搭建服务平台，为创意企业提供有效服务支撑。

6. 有效监管

政府需要对文化创意产业市场进行有效的监管，成为中国文化走向世界的坚实后盾。在监管层面上，为商业银行支持文化创意产业扩展更大的空间，按照风险提示项目的具体要求对其进行分析，有效增强各企业对抗金融风险的能力，从而提升企业金融借贷的能力。不仅要避免出现非法金融活动，而且需要保证金融体系的完善性。[①] 政府还应协助金融机构进一步提升文化金融服务的能力，规避文化金融的创新风险。

政府采取张弛有度的监管措施。具体而言，对文化产业投资基金的监管应当依据各个运作环节的特点，采取恰当的监管力度，兼顾市场调节作用的发挥及投资者、基金公司、文化产业利益的统筹保护。在基金的准入上，政府应当放松监管，采取申报备案制。申报备案制可以详细了解基金信息，做好风险防范准备及监管；申报备案制可以给予产业投资基金更大的成长空间，激发更大的投资于创意创新型文化产业的投资活力。

（三）着力建设文化创意产业金融服务体系

1. 做好文化创意产业金融服务

要实现金融文化创意产业的发展，需要多方努力，形成合力，形成政府、中小文化企业、研究机构和金融资本同频共振、多维一体的创新模式，打通文化创意金融的脉络；需要完善文化创意金融中介服务体系，促进文化创意金融一体化，探索发展无形资产抵押贷款业务，鼓励文化消费信贷产品的开发。着力建设文化创意产业金融服务体系，做好文化创意产业金融服务，可以使金融更好地为文化创意产业服务，为经济、文化的发展服务。

2. 金融支持文化创意产业的融合发展

金融与文化创意产业的发展是互为表里的关系，因此对文化创意企业的金融支持尤为重要，支持文化产业已经成为金融机构的必然选择。文化与金融的融合大有可为，存在很大的发展空间，但是其发展与需求相比还是规模较小、速度较慢。金融支持文化创意产业融合发展是一项长期性、综合性、系统性的工程。

文化金融融合的主线是北京市发挥全国金融机构总部优势，成为促进

---

① 赵倩，杨秀云，雷原. 关于文化金融体系建设几个问题的思考［J］. 经济问题探索，2014（10）.

金融服务实体经济、带动全市文化创意产业整体发展的总平台和发动机。

文化金融融合功能区以金融街片区为核心，着力引导大型金融机构支持文化创意产业发展，完善文化金融服务体系，为全国培育、创新和示范文化金融产品，着力引导以中关村东城园相关区域（原雍和园部分区域及东二环周边区域）为代表的国有资本总部密集区域发展，通过设立文化创意产业发展基金、风险投资基金等形式，控股或参股组建混合所有制文化创意企业，加快培育一批在全国和世界上具有一定影响力的文化创意领军企业和战略投资者，充分发挥市场在文化创意要素配置中的积极作用，推动首都文化创意产业健康发展。

金融业和总部经济是城市中集聚程度最高的产业。文化金融融合主线遵循金融业发展规律，着力引导文化创意产业要素集聚，推动形成全国最强、世界知名的文化创意产业金融核心和总部集聚区，引导和服务相关功能区发展。

3. 加强金融科技运用，提升文化创意企业金融服务效率

提升文化创意企业金融服务效率，必须做好以下几个方面：一是加强新技术应用，发挥互联网、大数据信息优势，提高文化创意企业信贷投放效率，降低投放成本；二是研究制定金融领域大数据、云计算应用标准，统一电子签名、电子凭证在全国范围内的执法标准，帮助文化创意企业通过互联网及时便捷获得金融服务；三是建立和完善条码支付技术标准和业务规范，为文化创意企业提供便捷的支付结算服务；四是借助“区块链”等新兴技术记录好不可逆、信息无法篡改、交易公开透明等特点，铺设智慧信息系统，直接联通文化产业各利益相关方，实现资金供需双方所需信息的无缝对接，确保文化创意企业经营的合规性与资产的真实性，方便金融机构充分、准确、完整地掌握文化创意企业经营管理信息，解决银企信息不对称所导致的融资贵问题；五是依法合规改进开户、签约等操作流程，加强网上银行、手机银行等领域的技术开发和应用。

4. 金融支持文化产业的国际经验值得借鉴

美国市场导向型的金融支持模式、英国政策导向型金融支持模式和日本政府导向型的金融支持的文化政策都是我们值得借鉴的经验。

各地区都是具有资源禀赋的，只要能推陈出新，与时俱进。虽然有着不一样的轨迹，却又能各自创造自己的经济奇迹。更多种的模式竞争不仅仅在中国发生，在全球范围内也有很多类似的模式竞争，也许未来京津

冀、珠三角和长三角地区也将走向这样的竞争状态。模式竞争的结果，往往不是谁压倒谁，而是在一个国家内，保持开放的态度，允许各种机制并行，不断遴选、进化出最适合发展的模式。

5. 建设多层次、多元化的金融市场产品体系

数字经济快速发展背景下，经济运行方式正发生深刻变化，金融服务手段与市场结构也相应变化，这对监管和银行自身管理模式都提出了新的挑战。对于银行而言，要适应数字技术和数字经济发展趋势，优化银行管理体系和风控模式；对于监管而言，负有防范重大金融风险的职责，要防止线上线下业务监管上形成实质性的差异。建立完善的与数字经济特征相关的法律法规体系，以解决那些比较复杂的责任认定、责任承担、仲裁结果的执行等问题，这些问题都会阻碍数字经济的健康发展。金融有义务、有动力去解决实体经济融资方面的问题。

鼓励不同的机构开展科技合作，同时也要加快完善相关法规、鼓励大银行和小银行合作，为小银行科技赋能，以及银行与科技机构之间规范助贷、放贷、联合设立科技公司等，推动金融服务的数字化能力和水平的提升，促进专业的分工与合作。此工作可以从两个角度入手：第一个是投资和并购，这是可以成为大公司的方法，商业模式自己不做，只做投资和并购；另一个是轻资产是重资产剥离的形式——轻资产变成运营方，复制同类项目，上市、融资、提升估值，从而盈利。

充分发挥多层次资本市场和一级股权投资市场的直接融资作用，提高文化产业直接融资规模，把上市作为企业最好的转型发展之路，把兼并重组作为企业最快的提档升级方法。要支持中小文化企业上市和再融资，政府加大对文化产业投资基金的支持力度，提高文化产业投资基金的规模和投资效率。灵活的政府产业基金市场化运作方式，在推动本土企业转型升级、上市、并购重组等方面发挥了巨大作用，同时产业基金可成为招商引资的重要途径。

（四）建设功能强大的科技平台

从金融的角度看，数字驱动和场景驱动的业务发展特征非常明显，因此必须依托科技支撑，加快和深化数字化转型，带动风控模式的改革创新，从技术服务于业务转向推动业务变革。

在这样的背景下，必须处理好创新和风险的平衡关系，金融有义务、有动力去解决实体经济融资方面的问题。

第一，资源配置上，银行普遍都需要进一步加大科技投入，建设功能强大的科技平台，突破自身业务平台的局限，探索开放银行、平台银行等技术应用模式，推动科技平台的社会赋能、客户赋能的效用，对大型银行而言尤其如此。

第二，再造业务的流程和组织的优化。传统的前、中、后台的管理体系和资源分布主要基于匹配工业经济背景下的传统金融服务的流程，风控的制衡和高度依赖人力资源作业的现状；在新的背景下，要从技术服务于业务转向推动业务变革，进行流程再造和组织功能优化。

第三，构建以科技平台为支撑的风控体系和定价体系。银行除利用大数据识别和管理信用风险以外，还可以增强风险管理的自动化程度，加强对资金流向的监控。同时，我们还应当强调的是，银行还需要着力于构建其自身独有的对客户的信息优势，不能简单以从外部获取的方式和共有的数据为基础开展业务。也就是说，风控要坚持线上和线下有机结合，探索对业务发起、实施、发展等各个过程和产品研发、设计、制作、使用等各个环节进行监控、分析，强化风控的渗透。最重要的前提是，银行自身要不断提升数据治理能力，商业银行内部本身有大量的金融交易数据，必须提升数据的标准化，这是非常重要的基础性工作。要打破内部数据分割和碎片化，建立内部数据和外部数据的有机联系。要确保各个渠道客户体验的一致性，就必须加强企业层级的数据统筹管理和应用体系建设，在这方面我们还要特别强调重视数据的安全工作，我们不仅要保证客户资金的安全，更要保证客户数据的安全。

第四，鼓励不同的机构开展科技合作，同时也要加快完善相关法规，鼓励大银行和小银行合作，为小银行科技赋能，以及银行与科技机构之间规范助贷、放贷、联合设立科技公司等，推动金融服务的数字化能力和水平的提升，促进专业的分工与合作。

第五，加大科技的应用，监管防范重大金融风险。一是可以借助新的监管方式，及时获取监管的数据和需要的监管报告，这样也可以减轻银行在经营过程中的合规成本和压力。现在有些监管的规定确实不容易执行好，比如费时费力受托支付的监管规定，都有改进的空间，如在合规的前提下提升我们放款的能力和速度。二是试点监管的制度逐步积累经验，可以不断地拓展金融科技创新的边界，在风险可控的前提下，逐步从低风险业务向高风险业务放宽创新的边界，推动金融机构竞争力的提升。

当前和今后一个时期，在科技进步日新月异，外部环境变化重大，实体环境转型升级，经济数字化加速发展的背景下，我们要秉持科技创新、普惠共享、协调发展、深化对外开放的理念。

二、加快知识产权证券化的建设

（一）知识产权证券化

“知识产权证券化”是债券融资的一种方式。所谓知识产权证券化，就是以后企业可以直接拿知识产权当作融资对象，通过公募渠道以发行证券的方式进行资金募集。

知识产权证券化不同于风险投资和私募风险投资。后者通过干预公司的管理而获得股权的附加值，而前者不参与公司的管理。投资者只能通过购买由特殊目的机构发行的、由相关资产收益支持的债券，从资本市场获得固定收益。

《2019年深入实施国家知识产权战略加快建设知识产权强国推进计划》（以下简称《计划》）的发布标志着我国科技强国的规划已到了具体实施阶段。《计划》鼓励海南自由贸易试验区探索知识产权证券化，鼓励雄安新区开展知识产权证券化融资。《计划》总共罗列了106项具体措施，各任务分工由多个部门共同协调完成。我们知道，国内资本市场主要依赖的是深圳和上海，深圳有中小板和创业板，上海有主板和创新板，这两个市场是企业募集资金的主要途径。

（二）完善知识产权评估体系建设

知识产权质押贷款盘活文化创意产业的核心资产，构建文创产业金融支撑平台。一是完善法律保障体系，从法律层面保障知识产权的物权属性，为业务开展奠定了法律基础和制度保障。二是完善市场机制，为知识产权质押贷款营造良好的外部环境。国家有关部门通过完善相关政策规定，将市场力量作为推动知识产权质押融资业务的根本性动力，构建服务平台等，为知识产权质押融资的正常运行营造良好的市场环境。三是探索“银政企”多方联动，合力推动知识产权质押贷款业务增量扩面。提升知识产权转化质量，实施知识产权融合运营示范工程，打造以IP运营为核心的文化景区和特色小镇，推进北京文化产权交易中心等交易平台建设发展，鼓励文化创意企业和公共文化事业单位利用 IP 资源实现价值转化等任务。

（三）继续加大对知识产权保护的力度

强化全社会知识产权和品牌意识，积极打造中国化全球高端品牌产业。科技产业强国必然是品牌强国，在全社会大力强化知识产权和品牌意识非常必要。只有通过打造具有全球影响力的品牌产业，才能加速融入全球产业链高端和价值链核心，成为全球产业升级迭代的重要参与者。一方面激励企业全面提升产品品质，增强市场辨析度和产业领先性，并从单纯提供产品服务转向产品全生命周期服务；另一方面增强企业知识产权布局意识，鼓励企业积极进入马德里体系进行商标全球布局，引导知识产权优势企业打造高端品牌，向全球价值链高端攀升。

国家层面应以有力的行动措施（搭建平台、加大宣传力度等），扶持企业树立全球化品牌意识，培育和创造全球化知名品牌，积极参与全球化竞争，以全球视野谋划发展。深化国际合作，提升企业自主研发和科技创新能力，通过塑造核心竞争力，融入全球高端产业链的变革中。

三、正确认识文化金融新的定位和作用

（一）通过产业金融平台，发展产融结合的生态系统

由于数据共享和金融科技手段的进步，金融机构可以通过产业金融平台链接各方商业主体，资本以合理的成本精准地流向实体产业，优化了金融生态体系，使得金融能真正服务于产业的各类主体，推动商业生态的发展。

展望未来，中国产业金融进行生态化发展和融合将是必然趋势。产业集团及金融企业开展金融业务可以通过自身实力对产业链上下游进行支持，通过控制合理的金融收益以及对业务的透彻理解，在合理控制风险的前提下，帮助产业链生态共同提升硬实力，惠及中小微企业，进行整体生态化转型。产融结合的生态系统不再是单向流动的价值链，而是能促使多方共赢的商业生态系统。

（二）明确文化金融的定位，构建新时代的文化金融体系

第一，明确文化产业与实体经济的关系，明确文化金融服务文化生产

的定位。很多人将文化产业和实体经济对立起来是欠缺严谨的学术精神的，危害也是比较大的。事实上，很多部门和机构正在以“金融服务实体经济”的名义自觉不自觉地排斥文化产业。如果执行“非此即彼”的逻辑，那么，在“服务实体经济”的背景下，文化金融就已经进入了死胡同。当然，我们一定要警惕文化金融中的泡沫性、自循环的“虚拟”成分，文化产品过度金融化必须得到遏制，文化金融应推动真正将资本使用于文化生产与再生产（创作、生产、传播、消费等环节）之中。

第二，文化金融在互联网经济背景下必然会呈现出新的形态，我们需要培育文化产业精神，审慎观察、积极推进，共同构建新时代的文化金融体系。

从政策优化、企业服务、资源配置、平台建设等多个角度，创建国家文化与金融合作示范区，激发文化市场活力、形成产业集聚优势、搭建文化金融资源对接平台，努力将其建设成为全国文化金融发展高地。

（三）文化金融发展变化提出了对监管的新要求

文化金融与国内、国际整体金融环境的关系日益密切是文化金融发展的大趋势。新的金融改革方向对文化产业和文化金融提出了新的思考命题，也引发了文化产业界对自身发展的很多疑虑。

产业金融在科技化、垂直化、生态化、资本化等趋势的发展中，力求为客户提供高质量服务，在促进创新、提升效率和实现共赢的同时，相应的风险累积程度和传播速度也被放大。这就对金融监管机构及时、有效、全面和专业的监管提出了新的要求。影响将是多方面的，尤其需要从科技进步的复杂性、垂直领域的专业性、风险管理的差异性、跨界风险与合规的统一性四个方面分析监管思路可能发生的转变。

（四）重视文化金融发展新变化，构建金融文化融合发展共享平台

文化金融的发展是曲线前行的，与整体经济政策、金融政策环境具有紧密的关系。业界需要在新形势下寻找平衡，正确认识文化金融的定位和作用，明确文化金融创新的路径和对策。在新的金融政策环境下，文化金融发展过程中应重视新的变化，积极推动文化金融实践。

要充分认识中国特色社会主义文化对金融文化的引领作用及金融文化对提升金融企业自身核心竞争力所发挥的巨大作用；充分认识经济全球化和“一带一路”背景下金融文化在提升金融队伍素质、促进金融行业发展

中的巨大作用，大力促进金融文化融合发展与创新，推进文化合作和金融服务，构建金融文化融合发展共享平台，最终实现“合作、创新、共赢”的共同目标。同时，站在更高的起点上深入思考、精心谋划、科学引领金融文化建设健康发展。

第五章 “互联网+”时代文化产业的发展模式及趋势

2019年是互联网诞生50周年，也是以5G为代表的数字技术与文化产业进行深度融合的元年。在数字技术和各级政策推动下，文化产业作为新产业、新业态、新商业模式的发展重点，赋能各行各业。“文化+科技”“文化+创意”“文化+服务”“文化+金融”等呈现出全新的发展格局。互联网在很大程度上消除了企业之间的信息不对称，单纯依靠产品、新工艺、新设计，企业保持差异化竞争优势变得越来越难。你所拥有的，竞争对手也同样拥有。中国的文化产业稳步向国民经济支柱性产业迈进。

第一节 “互联网+”时代文化产业的融合发展

文化产业具有较高的社会属性，其目的主要是为大众提供文化娱乐以及其他服务。互联网产业主要是一种信息资源整合交互的产业，是一种以网络通信技术为基础，对网络技术进行研发及应用和营销的综合性产业。我们说互联网是水和电，是网民离不开的，因此跨界融合也必须坚持基础服务是免费的。中国互联网最典型的盈利模式就是免费服务加增值服务，通过个性的增值服务来获取收益。互联网通过跨界融合渗透到各行业，与金融、零售、医疗、教育等传统行业融合，产生了许多新的商业模式和产品形态，通过与传统产业的碰撞实现协同发展。

一、互联网产业的发展

（一）“互联网+”是产业融合跨界

互联网不是作为单个产业而独立存在的，也会像电一样融入我们的生活、生产。从这个意义上讲，互联网不是其他产业的颠覆者，而是其他产业的推动者，对于文化创意产业来说，尤其是这样。如今我们深刻认识到，互联网将推动所有产业发展，将融入产业发展，成为所有产业的基础内容。“互联网+”已经成为重要的社会发展方向。同时，大数据条件下的数据发展、工业 4.0 都体现着未来发展的趋势，代表了文化产业发展方向。

我们今天谈到的“互联网+”绝不是过去的互联网思维的概念，“互联网+”就是由一种观念、理论进入实践成为一种行动的纲领和行动的计划。“互联网+”的“+”，概括起来应当是突破时间和空间的连接，核心概念就是“全连接”和“零距离”，移动是唯一增加的媒介时间。以后的互联网就跟生活中的电一样，时刻都不能缺少，这是未来的发展趋势。

（二）互联网连接一切的时代

中国互联网络信息中心（CNNIC）于 2019 年 8 月 30 日发布的第 44 次《中国互联网络发展状况统计报告》显示，截至 2019 年 6 月，我国网民规模达 8.54 亿，较 2018 年底增长 2598 万，互联网普及率达 61.2%。我国手机网民规模达 8.47 亿，手机视频用户数量达到 5.78 亿；短视频用户 5.94 亿，直播用户 4.25 亿，音频用户 3.0 亿，互联网电视激活用户 2.18 亿。网民使用手机上网的比例达 99.1%，较 2018 年底提升 0.5 个百分点。与五年前相比，移动宽带平均下载速率提升约六倍，手机上网流量资费水平降幅超 90%。“提速降费”推动移动互联网流量大幅增长，用户月均使用移动流量达 7.2GB，为全球平均水平的 1.2 倍；移动互联网接入流量消费达 553.9 亿 GB，同比增长 107.3%。这意味着我们有好的文化创意产品，可以送到 6 亿多的终端里去，这是互联网为传统文化创意产业增加销售渠道建设的一个巨大空间。

（三）网络视频运营更加专业，娱乐内容生态逐步构建

截至 2019 年 6 月，我国网络视频用户规模达 7.59 亿元，较 2018 年底

增长3391万元，占网民整体的88.8%。各大视频平台进一步细分内容品类，并对其进行专业化生产和运营，行业的娱乐内容生态逐渐形成。各平台以电视剧、电影、综艺、动漫等核心产品类型为基础，不断向游戏、电竞、音乐等新兴产品类型拓展，通过整合平台内外资源实现联动，形成视频内容与音乐、文学、游戏、电商等领域协同的娱乐内容生态。

（四）下沉市场释放消费动能，互联网成为激活文化消费的新引擎

两三年前，中国电影市场的票房全年收入大概是97亿元，相当于腾讯同年游戏业务的年收入。为什么运营近一百年的电影行业仅与几款游戏的收入差不多？最主要的原因是消费形态和模式的差别。要把传统的这100亿元的电影票房去倍增、实现高速增长，除了进一步放大院线外，还是要靠互联网去加速电影产业的发展，或者说推动传统电影产业的革命。互联网会有效激活文化消费？这种文化消费不是互联网本身的文化消费，也不是BAT创造的，而是原有的文化产业会因为互联网而得到激活。通过前面对比得到的几组数字，可以看到我们的文化创意产业还有很大的增长空间。

结合我国目前文化产业的实际情况来看，其活跃程度较高，尤其以娱乐性文化产业为代表。互联网产业将文化产业更多地呈现在大众面前。以影视作品为例，大众早已习惯了通过互联网收听和收看，这充分说明了文化产业与互联网融合的成功。作为一种较为常见的经济形态，互联网平台负责将文化产品推向市场，获取更多的受众；文化产业负责文化产品的发掘和制作，双方是共同获益的。互联网是文化产业传播内容的重要载体，文化产业为互联网的内容提供丰富的备选，两者之间的关系是十分紧密的①。

在移动互联网时代，因受移动互联网的不断纵深发展影响，全世界范围内新一轮技术创新与产业变革已蓄势待发。移动互联网颠覆了社会发展的动能，引发了经济结构的巨变，并导致整个社会组织模式的重构。在这场变革中，线上与线下、虚拟与现实、互联网与传统经济之间的界限正在逐渐消失，"手机+水泥"的新商业时代已经来临。文化产业作为其中深受影响的产业门类，随技术形态和手段的不断更新迭代，呈现出了"技术—产业—文化—社会"全方位的新变局。

① 高畅，薛开征．"互联网+"与文化产业融合发展研究［J］．现代营销（信息版），2019（5）．

二、互联网与文化产业的发展模式

（一）平台与社群关系

综观中国互联网发展的模式演进，从2007年首家SNS（Social Networking Services，即社会性网络服务，专指帮助人们建立社会性网络的互联网应用服务）的互联网企业开始，发展到网易、盛大、百度、新浪等纷纷开放平台服务，再到传统门户互联网向移动端的过渡，互联网正式开启了以平台为特征的内容、产品、服务等发展趋势，并伴随社群化、去中心化的技术逻辑呈现出新的趋向①。

互联网影响下的文化产业也经历了类似的进程，平台成为互联网时代文化产业的主导模式，成为集通信、软件、互联网、设备、消费电子、内容、设计、制造、服务等多行业特征于一身的融合性文化产业类型。

平台通过广泛连接不同的角色，使之合作协同，同时又建立各种机制，促使全局利益优化。“面”的工作是帮助平台上的玩家广泛连接，享受网络效应和协同效应的好处。“面”通过匹配效率的大幅提升创造价值，这是一种全新的商业模式。淘宝是典型的“面”。“面”的立身之本并非单一产品或服务的研发能力，也不是市面上的稀缺资源，其核心价值是协同效应。

这种产业模式同时呈现出如下特点：其一，按照梅特卡夫定律网络经济的核心特征——网络价值与网络节点数量的平方成正比。活跃在互联网上的用户、企业、组织等节点共同提升了文化产业的网络价值。其二，免费经济是中国互联网经济发展的一个主要特征，邮箱、SNS服务、游戏等在从免费经济向付费经济逐渐迈进，定制化、会员制的内容实现了付费模式的转向。其三，互联网的发展改变之前单纯类别的文化产业现状，根据用户需求所形成的融合市场，实现了平台的聚类融合。

一方面，平台化的集聚效应、协同效应，形成了如BATB（百度、阿里巴巴、腾讯、字节跳动）矩阵，成为中国互联网平台经济的头部平台代表。从微信端、微博端到APP、小程序等不断增加的新入口，平台的策略

① 熊澄宇，张虹. 移动互联网蓝皮书：中国移动互联网发展报告（2019）［R］//类型、结构与逻辑：移动时代的文化产业，2019.

不断拓展着文化产业的流量、内容、产品和服务。平台效应还延伸到了各类产业类别之中，以视听产业为例，平台效应使得IP产业链成为一种强势逻辑，从线上小说到线下出版，从内容改编到网端播放，从视频到上星，从两微一端的传播到热搜舆情，从粉丝追捧到周边文创，由平台聚合的IP势能成就了互联网时代的现象级作品，2018年暑期的《延禧攻略》、2019年12月的《庆余年》的热播就印证了这一逻辑的发展。除此之外，平台效应还拓展到教育、医疗、制造、企业（TOB）服务等各个文化产业上下游产业类别中，不断扩大界域和版图，如2018年字节跳动也跨界进入社交和电商领域，布局了资讯分发，内容生产，社区社交的国内、国外版图，资讯、视频、拍摄美化、金融电商、知识付费、教育学习均成为其平台逻辑的辐射范围。

另一方面，发展至今，平台经济开始向社群经济转变，形成了特色鲜明、影响力巨大的粉丝经济现象①，粉丝经济成为文化产业的重要商业模式。粉丝经济对于出版、广播影视、网剧、演艺、音乐等内容、产品和服务的影响愈发深入，广告代言、综艺影视、周边产品、会员付费、线下活动甚至是二手电商网站等均与粉丝经济密切相关。“线上出版物”“社交电商”“流量变现”“网红电商”“流量转换”等模式不断丰富着粉丝经济的市场形态，可以说随着互联网经济的纵深发展，去中心化、社群化、趣缘化的产业形式还将不断更新。当前情况下，基于移动互联构建的粉丝社群，正在形成新的文化产业模式，“社交+电商”“社交+文化”“社交+旅游”“社交+教育”等不断拓宽着这一模式的外延。

（二）平台经济形成了大企业和中小企业“共生”关系

智能商业时代最有价值的企业是一个个的“面”，当然“面”有大有小，但整体上谁能把一个传统行业从线性结构变成网状结构，那它就能成为未来主导行业发展的“面”。在平台经济大力发展的情况下，大企业和中小企业根据自身情况，可以选择不同的发展方向。其中，大企业作为平台公司，已经是“生态型企业”，也就是说它的工作使生态更加多样，从而孵化出更多产品。企业本身并不做具体项目，而是让生态环境更具生产

---

① 可以通过网红经济这种方式来发展。现在拼单能力很强，如果一个网红能带200件货，30个网红就能实现一款产品的拼单，工厂就能够开始生产。消费者通过网红直播，直接在屏幕上下单，一个星期后衣服就寄到消费者手中了。

能力，或者让生产更加活跃。

而对于中小企业来说，最大的机会是技术创新、技术变革。需要很长时间的积累，技术才能孵化，而当一种技术推出后，马上就可以对现有内容进行重叠，然后形成全新的消费方式。这就给中小企业提供一个机会，中小企业要切入一个行当的时候，一定要在某一个垂直领域提供具体的解决方案。技术进步将成为中小企业发展成为大企业的最核心的驱动力，尤其 5G 到来之后，这是一轮全新的技术创新浪潮，有大量的中小企业甚至个人会变成突发式增长的热点企业或者“独角兽”。

在平台经济时代，大企业和中小企业将形成一种“共生”关系，即大企业提供平台，而中小企业依据平台来提供解决方案。如果解决方案和平台很好地结合在一起，那就可以做大。这是大企业和中小企业在当前产业格局下的现状，并且这个现象已经存在很长时间了。

（三）转“平台为王”的思路为“平台+”为王

“平台为王”指的是只要把平台做起来就有红利。现在的平台可分为三种：第一种平台是产业链的大平台，如腾讯和阿里巴巴；第二种平台是中平台，做的是专业，如今日头条、京东集团；第三种平台是小平台，如微信公众号。

现在最重要的一个趋势是，不管是大平台、中平台还是小平台都渴望内容。因为平台竞争越来越激烈，所以内容竞争也越来越激烈。数字平台将进一步进化为万物互联平台，带动人类的互联网产业从 B to C 型的消费类互联网发展为 B to B 型的产业类互联网。其中，科技金融可以连接数据平台、金融企业、产业链上下游，帮助各方优化配置资源、提高运行效率以及降低运行成本。

这种“平台+”的模式今后会越来越显著，光靠平台的广告是不够的，还需要构成一个链接。如一条视频也属于垂直化，每天推一条短视频，大家看到就会不自觉地想买，这就是新媒体电商，就是“平台+”。商业模式从“平台为王”变成“平台+”为王，接下来是“+物联网”“+大数据”“+医疗健康”等。

平台化发展理念颠覆了以往固有条块化的工作分工模式，从客户体验出发，催生出全新的流程与模式。平台式发展拓宽了思路，为移动互联时代传统企业行稳致远、创新发展提供了答案。

产业智能化平台作为第四次工业革命的核心驱动力，将进一步释放历次科技革命和产业变革积蓄的巨大能量，并创造新的强大引擎；重构设计、生产、物流、服务等经济活动各环节，形成从宏观到微观各领域的智能化新需求，催生新技术、新产品、新产业、新业态和新模式；引发经济结构重大变革，深刻改变人类生产生活方式和思维模式，实现社会生产力的整体跃升。

三、互联网与文化产业向纵深融合发展

2018 年以来，文化核心领域呈现出推陈出新、纵深融合的发展特点。

(一) 内容生产流程优化、服务水平提升

第一，新闻信息服务方面，包括新闻服务、报纸信息服务、广播电视信息服务、互联网信息服务四个方面的发展。在互联网时代，新闻信息服务不断更新技术终端、优化内容生产流程、提升内容服务水平，呈现出了以下特点：①传统媒体融合纵深发展，新闻服务现象级融媒体产品的出现，增加了传统媒体在内容方面的舆论引领和宣传服务功能。②台网互动、云报纸、中央厨房等内容生产与合作模式不断更新，形成了成熟的市场化模式，不断增加网端内容服务的影响力。③音乐、视频、游戏、文学用户规模不断增加，数字内容、直播视频释放自身价值，行业不断向正规化发展，网上新媒体、网上信息发布、网站导航和其他互联网信息服务伴随技术功能的迭代，不断拓展服务范围。

第二，内容创作生产方面，包括出版服务、广播影视节目制作、创作表演服务、数字内容服务、内容保存服务、工艺美术品制造、艺术陶瓷制造七类。互联网技术的发展为出版、广播、电视、演艺、内容保存与艺术制造的内容创作提供了新的内容展示、传播的平台，如数字出版技术的提升，使得定制化个性阅读成为可能，传统报纸、杂志的数字出版，小众化特色自媒体内容的出版与付费阅读等都取得了长足的发展；广播电视的台网互动不断成熟完善，网剧、网络大电影在经历了高峰期后回归理性，借助大数据流量的监测，让选角、内容创作都更加偏重以受众为导向；演艺表演的网端宣传增加了表演的容量，提升了影响力；VR/AR/MR 技术对于工艺艺术品的线上展示和虚拟新媒体艺术，都重新定义了移动互联时代的内容创作。

第三，创意设计服务方面，主要包括广告服务、设计服务。一方面，

互联网技术使得原生广告、信息流广告、微视频广告等新媒体广告探索出更为多元的形态，传统广告的打断式痕迹渐渐减弱，广告服务趋向于与内容融为一体，广告制作成为一种内容创意，借力内容传播、二次传播提升产品影响力。另一方面，技术与创意设计的横纵联合和深度交融产生的产业黏性和发展活性，催生着新的产业形态，新媒体设计服务、虚拟场景营造、特效设计、广播电视节目、包装设计、新媒体城市景观设计、新媒体展览体验设计等，设计资源的整合与更新、创意设计服务水平的创新驱动，嵌入发展与延伸链中打造，使得技术生态、设计生态、市场生态能够整合向更广的市场需求，也为文化产业的创新发展提供变革因子。

第四，文化传播渠道方面，包括出版物发行、广播电视节目传输、广播影视发行放映、艺术表演、互联网文化娱乐平台、艺术品拍卖及代理、工艺美术品销售。移动互联时代改变了文化传播的容量、速率与效果。在传统报刊的出版发行方面，新技术提供的传播渠道更为迅捷、广泛，电子出版、内容订阅、微信微博客户端的传播，为其打造了立体化的传播平台；广播电视电影借助社交媒体实现着指数级的二次传播；各类艺术表演、文娱平台 APP 的推出为以兴趣、社团等小众聚集的文化传播提供了交流空间；文创产品、工艺品在社交电商上传播和运营，如故宫淘宝作为成功案例将互联网思维融入传统文艺的传承与创新之中，并在探索产业化方面做出了成功示范。

第五，文化投资运营方面，包括投资与资产管理、运营管理。移动互联时代的社交、购物、旅行、文娱等活动均留下了丰富的数据资产，利用大数据实现需求的精准匹配，进而优化资产的管理与运营。目前基于互联网的便利和迅捷，软件即服务（Software-as-a-Service，SaaS）正在逐步应用到文化产业投资与管理之中，不仅可以实现企业内部资源的存储管理，同时还对客户关系管理（CRM）、企业资源管理（ERP）、人力资源管理（HRM）、在线广告管理以及针对特定行业和领域的应用服务等提供资产管理和价值服务。

第六，文化娱乐休闲服务方面，包括娱乐服务、景区游览服务、休闲观光游览服务。伴随互联网技术的渗透和普及，基于互联网的文化娱乐休闲服务几乎深入到了人们的日常。“互联网+”改变了各大行业格局，文娱体验、度假休闲等市场逐渐走向多元化。大小长假刺激的在线度假市场交易规模不断增加，门票增量带动周边旅游、文创产品的发展。以亲子游、情侣游等“80后”“90后”为消费主体的健身、康养、雅集、电玩、VR体验等成为新热点，泛娱乐产业促使传统文娱产品界限加速消融，以现象级节目、内容IP带动的旅游、观光、体验活动等与之互动转化迭代融合。

（二）“新风口”产业链推动产业更广泛发展

2014年“互联网+”是新风口，而现在的新风口则是“短视频”。“短视频”具有非常大的拓展空间，当前，其已经形成了完整的产业链条，从上游的内容生产方，到中游的制作技术支持方，一直到短视频的观众观看方，上、中、下游的生态链已经建立完成，并开始推动更广泛的产业发展。

对于网络游戏来说，其呈现出向大企业集中发展的趋势，而不再是分散的小规模、小游戏。同时，网络游戏开始“走出去”，进入国际市场的竞争中。网络游戏的发展方向和发展空间是与传统文化、历史文化进行融合，教育与游戏的结合也受到重视，教育游戏化和游戏教育化不断被提起。

网络视频和网络音乐更加重视原创内容和自制节目，强调产权、版权和自有IP，付费模式也逐渐被消费者接受。在网络文学和动漫领域，创意成为了发展的源头，其表现在对自有IP的重视。腾讯的阅文集团就致力于对原创作者的挖掘和培育。用户的阅读量、阅读方式也开始发生变化，数字阅读、有声阅读、在线阅读支撑着这些转变。

四、“互联网+”与文化创意产业的融合发展

从整个国民经济发展来看，互联网在中国GDP的比重已经由五六年前的微乎其微提升到现在的4.4%，这个比重已经超过美国、德国、法国等发达国家，而且未来还有很大的增长空间。这不仅要看百度、腾讯、阿里巴巴等这些大的互联网企业未来的市值和收入能达到多高水平，更重要的是看这些企业未来会推动中国其他产业再有多大的提升，会激活传统产业多大的成长潜力。

（一）“互联网+”助力文化创意产业发展

中国市场不但催生了像腾讯和阿里巴巴这样全球市值排名前十的科技巨头，还孕育了大量独角兽企业；现在全球估值最高的初创公司有三家位

于北京，而不是硅谷。同时，所有的互联网企业，不管是美国的硅谷，还是中国的互联网企业，包括百度、腾讯、小米科技股份有限公司，都在积极做人与物的互联、人与人的互联、人与服务的互联。还有一个很重要的，就是人与时间的互联。统计数据表明，中国网民平均每周在互联网上的时间是26个小时，即每个人平均每天要花至少三个小时在互联网上。那么在这三个小时里能做什么？这是值得所有产业去考虑的。无论是商业还是文化，都应该考虑如何针对这三个小时进行内容的有效输送，或者说如何占领这三个小时。这就是互联网赋予文化创意产业的空间。互联网会像电一样融入到生活、经济、生产中。中国的互联网市场处于高速发展的红利期——智能制造、“互联网+”、共享经济、移动支付等，一直走在世界前沿。

基于“互联网+”的超级产业链，随着互联网传播技术的深入，在平台的多元化以及意识形态的重塑过程中，电影制作与游戏研发技术之间的壁垒和鸿沟不断地消弭，从而产生了影游联动这个概念。今天的影游联动在产业上还处于一个探索的过程。在电影产业3.0格局下，电影基于互联网生态下表现出跨行业融资、跨媒介叙事、参与式营销、奇观式特效以及文化群体分众消费的模式，电影和游戏的情况发生了变化。那么，电影和网游在多大程度上能达成互利共赢？最早的电影与游戏之间的跨媒介互动形势并不乐观，在新媒体时代背景下，其扩大了电影和游戏双向互动的媒介矩阵。互联网时代的到来为影游联动提供了新的契机，不过目前跨媒介改编策略的粉丝转化率并不理想，影游联动依旧无法绕过其关键的技术节点。在未来AR/VR等技术发展的带动下，电影和游戏的融合可能形成一个全新的体验模式。

（二）互联网成为文化创意产业发展的新平台

互联网正在影响文化创意产业的生产、加工、制作和发布，成为其发展的新平台。拿粉丝经济来说，它不是追星的经济，或是只对某一个明星或者某一部剧的经济，但是从互联网角度看，一部好的文化创意作品，一定会有很多人喜欢。通过互联网或者大数据把共同喜好发掘出来，并将这些人聚集在一起，发掘里面的商业价值，就是粉丝经济。粉丝经济可以扩展到很多领域。《纸牌屋》等电视的成功，使大家越来越感受到互联网的作用，不仅仅是内容、演员、导演、编剧的挑选，甚至是投资、决策，播出之后衍生的一系列作品和产品都会产生决策性的影响。例如，腾讯最初跟文化创意公司、版权公司、国际各大唱片公司、电影公司洽谈互联网免费的商业模式时，大部分人很难理解，但经过几年的努力，很多公司发现免费模式能让版权的效益变得更大。如今，越来越多的视频、音乐平台都成为影视、音乐的首发地。

实现文化的“润”营销文化创意工作如何使产品有创意，拉动经济增长？以北京“大黄鸭”项目为例，通过“润点”挖掘，实现文化润营销，创造文化溢价。风靡全球的大黄鸭所到之处都受到了很大的关注，也为当地的旅游及零售业带来了极大的商业价值。这个产品创意、文化元素植入及其营销路径就是以经典浴盆黄鸭勾起人们儿时的回忆以及怀旧心理，从而以文化情怀、文化元素切入，以心灵的触动撞击、共鸣为“润点”，进行产品创意。在产品同质化、设计雷同化、靠相互杀价维持企业生存的大背景下，将文化元素嵌入到产品（包装）的研发、设计之中，实现产品增值已经是大势所趋，也就是说，用现代的技术语言讲述悠久的历史故事，用现代专业语言传播国家文化。文化“润”营销应当由以下三步组成：首先是企业要挖掘“润点”，找到文化的载体；其次是要提升润度；最后是要扩大润面，这样才能保证文化植入的最终成果。由文化元素植入引发的文化“润”营销是一项系统工程，各环节，特别在商品销售终端环节，陈列、氛围营造方面的润面扩大、润度提升也极为重要。

（三）互联网业态与文化创意要素的融合形态

通过信息技术的改造和渗透，使文化创意产业不再传统化。例如广播、图书出版的内容传播不仅是报纸和电视，而是通过互联网、微博、微信等渠道，进行广泛传播。

通过开放平台能够把文化创意产业创业者的作品，快速呈现到六亿用户面前，此时发行渠道发生了深刻变化。同时，社交化阅读一定程度上改变了传统出版的模式，通过大数据、粉丝效应，研究用户的需求，将喜欢的东西聚合在一起，呈送给共同的人，然后在共同喜好的人群中通过社交化的方式去传播，再做衍生产品。从这个层面看，传统的新闻出版、报纸、媒体，并不会消亡，报纸没了，但是内容依然呈现在互联网上，呈现在人们的手机和电视上。通过互联网，我们可以自主选择自己想看的内容，打开电视的概率又比以前高了。所以说传统媒体和新媒体的关系不是取代的关系，而是互联网激活旧媒体，创造新的需求。同时对内容、资讯的基本需求并没有发生根本性的改变，只不过是呈现的方式和习惯改变了。文学网站之所以成功是因为用了互联网的方式去制作和引导内容，而不仅是搬上互联网①。

第二节 数字文化产业的发展模式与趋势

在数字经济的发展过程中，数字技术、数据和平台这三个维度相互影响，相互作用，这个过程就是数字化。数字化的内涵非常复杂，它不仅涉及对数字技术和数据资源的应用，还涉及由此引发的对组织形态、对业务流程的全面重构。只有通过数字化过程，数字技术的力量才能充分发挥出来。因此，要发展好数字经济，就必须有力推进数字化。数字经济发展的生产手段和工具投资都处于虚拟空间，没有实物形态和非固定性。投资和生产工具没有实物外观，它们的输入是数据和物理的，这也是一种新的经济发展现象。此外，消费也是虚拟的。网上消费，在网上观看各种节目、文字、音像等也都是在虚拟空间消费。数字经济发展的这些特点使传统的信用提供方式面临挑战。

一、数字文化产业发展的背景

（一）我国数字文化产业的现状

2017 年我国数字文化产业增加值约为 1.03 万亿~1.19 万亿元，总产值为 2.85 万亿~3.26 万亿元。预计到 2020 年，产值规模将达到 8 万亿元。这 8 万亿元和现在的 3 万多亿元之间还有近 5 万亿元的空间，怎么让它上升？

当今时代是一个数字化时代，技术革新和数字化经济的全面兴起，让科技由最初的工具角色转变成驱动金融变革的中坚力量。在数字文化产业与其他产业融合发展的过程中，“文化+技术”也是必然的关键词。随着互联网和数字技术的进一步普及和应用，传统文化企业不断呈现出新的发展形式，其新的模式和新的业务格式将不断发展，为传统企业的转型升级奠

① 郭凯天．互联网与文化创意融合之道［R］．武汉文化创意产业发展高峰论坛发言，2018-03-13.

定了坚实的基础。数字化的五全基因与各个文化行业的融合，不仅改变了个人间、企业间、国家间的清结算方式及主权货币发行机制，还大幅提升了产业链运营效率，带来了整个经济社会的发展和人类的进步。

（二）时代背景

人类文化的每一次进步与发展都离不开科技的进步与推动作用，两者之间也总是相互影响，相互作用，密不可分。文化是发展的“内容”，科技是发展的“形式”。从生产、传播和接受方式的深刻变革来看，印刷术时代诞生了有形化的报纸、小说；广播电视、电影技术发明后，产生了动态化的电视、电影节目；随着互联网的普及，人们接受文化内容的方式转向电子化；未来，人工智能、虚拟现实、区块链等新技术的演进，将带给人们数字化、交互式、体验式、场景化的文化消费体验。

数字文化产业供给侧和需求侧发生了很大的变化，以前文化生产由生产者经传播者到达消费者，今天内容创作更加大众化、交互化。营销方面体现传播网络化、平台化和大数据的精准化特点。从需求端看，文化消费更加多元化、更加个性化、更强调黏性。文化产业已经不是传统的产业，而是交互双向整合的一个行业。[①] 各个文化行业领域在向全数字化演化的过程中频繁碰撞，不断分化和重组。

信息技术的跨界融合在文化产业中的深度应用趋势愈加明显，文化产业内部结构调整升级成为努力方向，数字技术带动文化产业实现数字化蝶变。数字内容、动漫游戏、视频直播等基于互联网的新型文化业态，已然成为文化产业发展的新动能和增长点。与此同时，文化消费模式和需求发生明显变化，“信息的 DNA” 正在迅速取代原子成为人类生活中的基本交换物，人们对文化类消费产品的体验化、交互性、场景化需求日益扩大，数字文化领域的消费潜力持续增强。

（三）5G、大数据、物联网对数字文化产业发展影响

5G 将为中国 AI 发展提供新机遇。据总部位于伦敦的行业组织 GSMA 预测，到 2025 年，中国预计将拥有 6 亿 5G 用户，占全球总数的 40%。中国目前不仅在 5G 方面实现了“弯道超车”，AI、VR 等技术也获得了较快的发展。这些技术推动了中国制造业、服务业发展，为我国产业实现转型

① 李晓东，周洪双．大数据推动文化产业融合发展［N］. 光明日报，2019-05-29.

升级提供了巨大机会。

与世界其他国家相比，中国在发展5G、物联网等技术方面具有三个优势：第一个优势是技术领先。在3G时代和4G时代，中国一直是行业发展的“追随者”；而到了5G时代，中国不仅参与了标准的制定，还在基础设施建设、基础研究、硬件铺设等方面都处于国际领先地位。5G技术不仅是一种技术，还是一种和电一样的基础设施。基础设施最需要的是规模效应。未来我们一定是5G基础设施最完善的国家，这是我们基础设施的规模优势。当有了基础设施规模优势后，包括5G、AI、物联网在内的各种技术就有了丰富的应用场景，这是第二个优势。目前，中国具有全世界所有的工业门类，而且未来最大的消费市场将是中国，最具有生产能力的国家也将是中国。现在各级政府都非常重视数字经济的发展，基本也都确定了相关的战略。大家都在为5G、物联网等相关产业的爆发制定相应战略，这也将为这些技术的应用提供丰富的场景供给。

不仅政府在投入，企业也在投入。不管是大企业还是小企业，都在投入（5G相关技术），因为你不投，可能下一轮（技术革命）你就会被淘汰，这是每一个企业发展的自然选择。每一个企业都把它当成一个生死存亡的事情在做，这样的动力不是世界上其他国家都有的。这一轮弯道超车不是5G这一个行业本身的弯道超车，而是整个中国制造业，包括服务业在内，是中国产业转型升级的一次巨大机会。

（四）政策支持

从国家战略来看，国家高度重视文化与科技融合发展。2016年12月，国务院发布了《“十三五”国家战略性新兴产业发展规划》，数字创意产业首次被纳入国家战略性新兴产业发展规划，成为与新一代信息技术、生物、高端制造、绿色低碳产业并列的五大新支柱。《“十三五”时期文化发展改革规划》《“十三五”时期文化科技创新规划》指出，构建文化科技创新体系，切实推动科技创新引领文化发展。《关于推动数字文化产业创新发展的指导意见》是首个针对数字文化产业发展的宏观性、指导性政策，向全社会发出了鼓励数字文化产业发展的明确信号。科技部等六个部门于2019年8月13日联合发布《关于促进文化和科技深度融合的指导意见》（国科发高〔2019〕280号），促进文化和科技深度融合，全面提升文化科技创新能力，转变文化发展方式，推动文化事业和文化产业更好、更快发展。《“十三五”国家战略性新兴产业发展规划》首次纳入数字创意产业，并在“十三五”期间成为中国前五大战略性新兴产业，与新一代信息技术、生物、高端制造业和绿色低端产业并驾齐驱。碳产业成为数字文化产业的支柱之一，数字文化产业是文化领域数字创意产业的具体表现。

二、数字文化产业的发展模式

（一）数字文化产业发展的新模式

文化与数字技术融合的两大模式，一是传统文化 IP 借助新媒体手段实现创意内容的传播、推广，二是数字创意产品利用数字技术实现创意内容生产、制作。

大数据时代，基于数字内容拓展的产品，要摆脱单一流量经营和副本经营模式，提升个性化的东西。内容端要生产丰富，就是要品种多、花样多。可以从公共文化服务角度入手，使用大数据技术，提供大数据服务，一个地方的公共报纸、公共图书馆、公共文化馆等应该成为文化产业数据融合的领头羊。由于数据成为驱动产业发展的重要因素，因此，提升每个行业门类中每个价值链环节的数字化程度，形成产业数据闭环，是推动数字创意产业向智能化方向发展的重要手段。

以抖音为代表的短视频平台是时下年轻人最关注的短视频传播渠道；文化遗产借助短视频平台传播是打破年龄圈层壁垒，走进新生代的最佳途径。同时，短视频乱象的频频出现也引发了广泛的社会关注，如何让短视频更具正向价值和文化价值引发了行业的思考。

（二）数字文化产业新的业态

数字文化产业融合发展催生了数字文化旅游、新媒体产业、数字营销产业、动漫及衍生产业等新业态。数字文化旅游基于文化旅游资源的数字化，通过互联网平台、AR、VR 等技术的综合运用，催生“文化旅游+科技”的新业态。如北京故宫、敦煌等已逐步开始一些“文化旅游+科技”的尝试，并获得社会的好评。

数字文化产业新的业态有独角兽和初创企业。我国已经成为全球最大的独角兽诞生地，占全球的 1/3。目前独角兽企业发展趋向平稳理性，增长放缓，更多依靠领军企业的推动。而初创企业的竞争领域主要是互联网消费端，目前相比领军企业的竞争力也有所减弱。然而，数字产业的空间依然很大，独角兽和初创企业的增长空间也比较大，如电竞从游戏逐渐发展为亚运会项目，IP 授权衍生行业也有很大的发展空间。如何将文化从线上向线下、从线下向线上转型？这些都是投资者关注的领域。

数字文化产业中的游戏、新闻、短视频和文学增长相对较快，是主要的增长核心。以数字文化技术为主导的新型产业形态，即以互联网为主导的产业形态，已经成为高端产业①。新媒体产业形成自媒体、短视频、网络直播、网络综艺等新的内容创作模式，成为新的互联网产业风口。

（三）平台成为重要的经济组织形式

在数字经济条件下，平台开始日益成为一种重要的经济组织形式。这种组织形式的兴起，一方面使得生产力获得了巨大的释放，同时给人们的生活带来巨大的便利；另一方面也对人们的认知提出了很多新挑战。

平台同时具有了企业与市场的特征。一方面，所有的平台都有员工、有资产、有层级结构，对内会用命令来进行资源配置，对外需要参与市场竞争，这些都是和传统的企业类似的；另一方面，平台并不像传统的企业一样直接生产或销售商品，它们要做的更多是匹配供需。除了本质属性上与传统企业的差别之外，平台还具有很多传统企业所没有的特点，其中最重要的就是“跨边网络外部性”。所谓“跨边网络外部性”，指的是平台一侧的用户会关注平台另一侧（或数侧）的用户数量。由于有了这种跨边网络外部性，平台就有机会通过首先撬动一侧的市场来启动“鸡生蛋、蛋生鸡”式的回振，获得迅速的成长。需要指出的是，在平台竞争的条件下，先发的平台通常会具有更强的网络外部性，从而对客户产生更大的吸引力，而后来进入的平台则很难吸引到足够的客户。这样一来，竞争的结果就很有可能产生客户向先发平台的集中，最终产生一家独大的格局。

平台具有企业和市场的二重属性，这决定了它们在竞争的形式、后果等方面都和传统企业有很大不同：首先，从结构上看，相对于传统企业，平台企业确实会占有更高的市场份额。但是，这本身并不意味着一定会损害经济效率。事实上，由于平台本身就是市场，因此平台市场的高集中度本身就意味着市场更好地得到了整合。其次，由于多归属、跨界竞争、动态竞争等因素的制约，平台即使拥有很高的市场占有率，也未必能像传统的垄断企业那样拥有对于市场的强大控制力，对价格、产量、交易条件等

① http：//www. zgcszwh. org/zhengwugongkai/242. html.

因素进行全面的掌控。

以5G为代表的下一代通信技术（基础设施），大数据的存储、计算与人工智能技术，产业互联网的发展及其与消费互联网的融通，以及区块链相关技术将可能对当前数字文化产业发展产生颠覆性的影响。

（四）数字文化产业与各行各业的融合

文化本身就是一个无处不在的东西，现在人人都用手机，以后包括汽车屏、地铁屏都会成为交互中心。另外，现在人们更多的是扮演文化产品消费者的角色；而随着所有家居产品的接入、所有生产设备的接入，在未来所有文化领域的东西会成为生产和生活的助手，会帮助你更好地生产，帮助你更好地生活。

数字文化产业与其他行业的融合使得产业本身产生非常多新的业态、新的应用和不同的应用场景，比如汽车可能是一个特别有拓展前景的场景。数字文化突破可能会从汽车端开始，因为汽车里有屏幕，所以一旦无人驾驶技术得到普及，汽车将成为一个高频的移动场景。

三、数字文化产业的发展趋势

数字文化产业以社会效益为先，经济效益为辅。所以数字文化产业要为社会主义核心价值观服务，为改革开放、“一带一路”服务，为中外人文交流服务，这是其核心和指导。

（一）数字时代竞争是正和博弈、共赢和增量发展

数字化时代的商业发展催生了新商业文明。新商业文明立足开放共享的商业文明，是以合作为基石的发展新模式。它不是一种工具的输出，而是一种能力的分享、一种理念的分享，是一种创造。传统竞争是此消彼长、非此即彼的零和博弈，数字化时代的竞争正在向正和博弈、共赢、增量发展。新商业文明以人为本、合作共赢，让更多合作伙伴、更多消费者、更多社会组织能够参与到数字经济当中来，共同分享数字经济成长的价值和效益。

公共服务的核心是解决环境和信任问题，我们的服务对象发生了变化，不是靠增加人力资源和更新工具可以解决的，而是我们想做的事是通道共享、数据共享、服务共享。

（二）数字化的构成与颠覆性作用

我们正在进入一个数字化颠覆时代，多种技术转型（云计算、区块链技术、5G、人工智能、移动技术、社交媒体、大数据）正在融合在一起，形成一股强大的力量。理解这几者之间的关系，可以将数字化平台用人来类比：互联网、移动互联网以及物联网就像人类的神经系统，大数据就像人体内的五脏六腑、皮肤以及器官，云计算相当于人体的脊梁。没有网络，五脏六腑与脊梁就无法相互协同；没有云计算，五脏六腑无法挂架；而没有大数据，云计算就是行尸走肉、空心骷髅。有了神经系统、脊梁、五脏六腑、皮肤和器官之后，加上相当于灵魂的人工智能——人的大脑和神经末梢系统，基础的数字化平台就已经成形了。而区块链技术，就像是更先进的“基因改造技术”，从基础层面大幅度地提升大脑反应速度、骨骼健壮程度、四肢操控灵活性。数字化平台在区块链技术的帮助下，基础功能和应用将得到颠覆性改造，从而对经济社会产生更强大的推动力。

随着平台公司的出现，人们甚至认为“行业”这个概念正在失去意义。数字技术与网络技术逐渐融合形成以网络为依托，以数据为关键资产，以高度智能化为发展方向，带动经济社会文化整体发展的新兴数字创意产业。数字创意产业正在推动全球经济文化形态发生巨大变化，并不断涌现出更多细分和新兴领域的“独角兽”企业。

数字化之所以能够颠覆传统，就在于它所拥有的五全基因：全空域、全流程、全场景、全解析和全价值。所谓“全空域”是指：打破区域和空间障碍，从天到地、从地上到水下、从国内到国际可以泛在地连成一体；所谓“全流程”是指：关系到人类所有生产、生活流程中每一个点，每天24小时不停地积累信息；所谓“全场景”是指：跨越行业界别，把人类所有生活、工作中的行为场景全部打通；所谓“全解析”是指：通过人工智能（AI）的收集、分析和判断，预测人类所有行为信息，产生异于传统的全新认知、全新行为和全新价值；而所谓“全价值”是指：打破单个价值体系的封闭性，穿透所有价值体系，并整合与创建出前所未有的、巨大的价值链。

数字化具有的五全基因与任何一个传统产业链结合起来，就会形成新的经济组织方式，从而对传统产业产生颠覆性的冲击。它与工业制造相结合时，就形成工业制造4.0；与物流行业相结合，就形成智能物流体系；

与城市管理相结合，就形成智慧城市；与金融结合，就形成金融科技或科技金融。在与金融相结合的过程中，数字化拥有的海量信息、计算能力、共识机制，可以大幅度地提高金融服务的效率、安全性，降低金融机构运营成本、坏账率和风险。

（三）以人为中心、以数据驱动为手段，向产业互联网转进

文化消费互联网向产业互联网转进，数字文化产业目前已经成熟的商业模式仍主要侧重于消费互联网，但正在向包括产业互联网在内的更多经济领域拓展。未来与产业互联网的融合，尤其是以文化旅游融合为代表的产业互联网发展，以电竞等为代表的文化和体育及相关产业融合发展，将是推动数字文化产业发展的重要机遇。当下关键是要把文化消费端和文化资源的生产端、创意端联结起来，实现文化资源的创造性转化和创新性发展，让巨大的消费市场拉动传统文化的内容生产。以人为中心、以数据驱动为手段，3D（4D）打印、增强现实、虚拟现实、可穿戴、语音识别等多种技术将集成为多种产品和服务，适配于每一个消费场景。

（四）新技术引发文化产业新一轮崛起

目前，数字文化产业正处于新一轮爆发性增长的前夜，以5G为基础，人工智能、大数据、云计算以及区块链技术都可能影响数字文化产业发展。“泛媒体”“智媒体”将成为未来传媒产业的发展方向。每一位受众都将被融入传媒生产的过程中，各种传感器和智能终端将使传媒产品生产和传播生生不息、无处不在；大数据、云计算、人工智能技术将不断应用于传媒业。区块链技术将极大促进文化产业尤其是版权保护、交易的发展，文化遗产数字化、非遗文创发展是区块链投入使用后最被看好的几个应用场景之一。基于标准结合VR、AR技术，将珍贵文物转化为虚拟数字内容，并无缝整合到真实场景中。参观者可以通过视觉、听觉、嗅觉、味觉、触觉等身体感受，“穿越到”古代遗址和生活场景，扮演古人角色，同时在现实中进行社交互动。

（五）内容原创能力仍是市场竞争的核心

充分动员UGC（User Generated Content，用户生成内容，即用户原创内容）的力量，同时也要更加重视专业创意组织带动的PUGC（Professional User Generated Content，即“专业用户生产内容”或“专家生产内容”，指在移动音视频行业中，将UGC+PGC相结合的内容生产模式）生产，并鼓

励传统文化机构和数字文化企业合作，更好地向全社会开放数字文化资源。从 UGC 向 PGC（Professional Generated Content，指专业生产内容。用来泛指内容个性化、视角多元化、传播民主化、社会关系虚拟化）的过渡，就是在追求更高的内容质量，更好的用户体验，这是数字文化产业茁壮成长的必然结果。数字文化产业正在从国内市场竞争迈向全球市场竞争。数字文化出海已经从政府被动要求变成了领军企业的主动需求，并呈现出从资本出海向产品出海、技术出海和规则出海转变，部分产品和服务在国际市场上也初具竞争力。

（六）数字技术赋能文化推动文化产业高质量发展

文化是魂，技术是体，只有数字技术赋能文化，才能推动产业高质量发展。数字文化产业未来需要“文化+”的融合渗透，需要“互联网+”与数字技术的创新引领，需要探索多元化的商业模式。

高品质的文化内容是数字文化产业发展的重要着力点，创作更多数字内容精品，提高数字文化品位和市场价值，才能形成有影响力的数字创意品牌；“互联网+”实现了无线连接的可能，要充分利用互联网和数字技术手段对各类文化资源进行数字化转化和开发，让中华优秀传统文化资源活起来；只有多元且成熟的商业模式创新，才能支撑日渐庞大的市值空间，才能使数字文化产业的发展具有可持续性。

通过“科技+文化”融合创新，打造中国特色文化 IP，促进文化产业内部、产业与社会各领域之间生态化、协同化发展，建设产业发达、文化繁荣、价值广泛的“数字文化中国”。

第三节 科技、金融多元叠加文化产业的发展

中国信息通信研究院数据显示，2018 年我国数字经济规模达到 31.3 万亿元，占 GDP 比重为 34.8%，显示出数字中国发展到新高度。当前，全球新经济迎来难得的发展机遇期，尤其是全球产业处在转型升级关键时期，以人工智能、物联网等新技术应用，推动新经济强劲发展。

一、文化、科技、金融的融合发展

（一）“文化+科技+金融”融合发展新生态

如果说“文化+科技”是给文化产业以创造力，而在金融的加持下，“文化+科技+金融”犹如给产业插上腾飞的翅膀，迎来更为广阔的发展空间，以电影工业为例，好莱坞通过上市融资、商业贷款、风险贷款、众筹投资等多种金融方式，带来一部又一部的电影巨制。只有借助“文化+科技+金融”叠加效应，才能最大化释放文化魅力。

科技使文化产业迸发创意和新的创造力。每一次文化随着科技的发展都是一次升级和迭代。未来随着技术发展，3D 打印、VR/AR、人工智能、云计算会使文化产业高速发展。如果文化是“一”，科技在后边加了一个“零”，下一个叠加就是金融。中国有一句话“一生二，二生三，三生万物”，“文化+科技+金融”就会产生非常强的叠加裂变效应①。

（二）文化、科技、金融三者间的关系

在文化、科技、金融三者的关系中，科技与文化的融合是三者之间最重要的问题，一方面，要运用科技的手段支持文化；另一方面，要运用数字化等智能化的功能使文化及其价值形态发生一系列有利于获得更多金融支持的变化。金融支持文化仍有很多不足的原因是文化产业、产品以非物质形态为主，而金融机构需要控制风险，它需要有形的、物质的东西来进行抵押。我们可以用科技赋能，用云计算、大数据、区块链等技术使文化产品带上数字化的特质，这样可以在一定程度上弥补文化产品在价值形态上的不足。通过形态的改变，金融机构可以运用相关金融工具和手段来进行适当调整，更深入、更准确地把握相关的信用风险，使金融机构能够在科技对文化较好赋能的基础上，更大力度地进行介入，这是三者间融合迫切需要解决的问题。

技术推动金融更好地支持文化有两个方面。第一，科技给文化赋能的基础性设施应该由相关政府部门进行指导和推动。第二，在推进的过程中，需要有金融的整体支持，成立相关的文化产业金融服务战略联盟。战

---

① 童之磊．文化产业拥抱未来才是未来［EB/OL］. http：//finance. sina. com. cn/meeting/2018-12-06/doc- ihprknvt4211842. shtml.

略联盟能够将一系列支持文化的金融机构结合起来，以便更好地抵御风险，形成更加完整的系统。

二、科技、金融科技、科技金融相互赋能

（一）“文化+科技+金融”的必要性

在金融体系自身建设上，重点构建文化和金融服务的完整生态。可以总结为产品专属化、机构专营化、市场专门化、基础设施专业化等。基础设施方面，需要重点关注行业性信用管理体系和无形资产评估和管理体系。

从技术上，金融科技的发展，正在促进文化产业金融的进化，为产业发展提供更强大的资本驱动力。

云计算、大数据、区块链、人工智能等技术方兴未艾，现代科技的发展正在影响着旅游业向现代化转型，包括正在形成的智慧旅游，消费、企业运维和政府管理三方面都在实现智慧化。而相同的技术也成就了现代金融，最重要的特征是金融科技的兴起和新金融的发展。现代金融在服务于旅游产业的过程中，形成了旅游产业金融的新形态。

从金融体系的要素与功能这两个大的方面看金融科技对金融的影响。在金融体系要素方面的影响：改变了金融市场格局，构建了新的征信与金融风险防控体系；在金融体系功能方面的影响：形成了便捷高效的支付手段、多样化的企业融资方式、多样化的消费金融方式、新型的理财服务模式等。

（二）金融科技与科技金融互为里表、相互赋能

金融科技的立足点是科技，科技金融的立足点是金融。金融科技属于科技的一个分支，科技金融是金融的一个细分业态。科技、金融科技均可服务于金融，金融、科技金融均可服务于科技，科技和金融最终服务于实体经济发展。科技、金融科技与金融、科技金融之间在外延上既有交叉，内容上又相互赋能。将科技、金融科技、金融、科技金融、经济作为一个生态圈进行整体、串联研究，不难寻找出各自赋能优势，从而设计出一个金融科技、科技金融以及经济共生发展的最优成长型顶层设计方案。

科技金融对科技、金融科技的发展至关重要，金融科技对金融、科技

金融的发展也至关重要。科技金融的发展形式有两种：一种是“互联网+金融”，有条件的数字化平台公司，围绕自身产业链筹建非银金融机构，独立发展金融业务；另一种是“金融+互联网”，金融企业根据产业链发展需要构建数字化平台。

陆岷峰（2019）认为国内金融科技的概念是从互联网金融概念延伸出来的。互联网金融又是特定时期、特定内容的一个过渡性概念，互联网作为一种工具，去金融化十分明确，而伴随着移动互联网技术发展的大数据、区块链、人工智能、物联网以及云计算等，纷纷涌入金融业并为之服务，共同构成了为金融服务的科技手段，即金融科技。陆岷峰、黄百卉（2019）认为科技金融是金融行业的一个分支，它是金融机构为科技创新企业提供的一揽子金融服务的总称。科技金融是金融，科技是金融服务的对象，科技金融涉及的范围十分广泛，包括了为科技企业服务的直接融资、商业银行间接融资、保险等。当然，运用在科技企业的金融业务也可以运用到其他企业，只是在产品设计、风险识别等方面，科技金融更能体现科技企业的自身特点①。

金融科技是一个新型的技术类别，有其独特的技术特征；而科技金融是为科技服务的金融，也具有独特的金融特征，需要有专门的技术来支撑。将金融科技广泛运用于科技金融的发展，通过科技金融对金融科技进行重点扶持，提升金融科技产业化，从而形成一个良好的互融共促发展机制。

（三）“金融科技+科技金融”的融合发展模式

科技金融主要以科技创新企业为服务对象，而科技企业的自身特性约束了金融资源的配置条件。科技金融服务的对象除了一般企业在融资过程中碰到一些共性问题，还有一些个性化问题。一方面，科技创新企业技术含量高，社会效益大，有利于提升全社会的经济发展水平和质量，对于金融企业来讲是最具有潜力的金融服务载体；另一方面，科技创新企业风险比较大，资产价值波动快，无重资产抵押，未来预期效益大，资产评估形式和方法专业化要求高，常规的风险缓释机制对于科技金融适用性差。因此，科技金融虽然备受金融机构的重视，但发展起来却存在不少问题，有些问题通过传统的金融思维无法有效解决；而金融科技在科技金融中的运

---

① 陆岷峰，黄百卉．互联网金融下一站：金融科技［J］．企业研究，2019（3）：16-18.

用，却可以极大程度上促进科技金融的健康发展，以构建新型的科技金融发展模式。

总之，金融科技与科技金融是一个共同体，两者互为发展，互相赋能且共生发展。因此，发展科技金融和发展金融科技不能割裂开来研究设计，而要以生态圈的视角发掘发展新思路。两者融合效应的发挥，最终落脚点还是要放在服务实体经济发展上。将金融、科技金融与科技、金融科技放在经济发展的大生态圈中进行研究和实践，使其不仅互相关联，且相互赋能共生发展。因此，用共生的发展理念，寻找共同的发力点，以提高社会资源的有效配置，充分发挥各自的禀赋优势，以共同助力中国实体经济高质量发展。

三、“文化+科技+金融”融合发展新生态——以中文在线为例

中文在线经历 18 年的发展，打造了一条属于自己的“文化+科技+金融”的融合发展之路。在 2008 年，中文在线首创“全媒体出版模式”，以“文化+科技”的力量，汇聚 400 万余种数字内容，通过数字版权的加工、整合与管理，打通泛娱乐产业链条，以文学、影视、游戏等多种文化形式呈现在大众眼前。

2015 年，中文在线成功登陆深交所创业板，成为“国内数字出版第一股”，其借助“文化+科技+金融”叠加效应，最大化释放文化魅力。中文在线通过债权融资与股权融资等方式，拓宽渠道，与多家银行展开合作，累计授信额度达 6 亿元；上市后，中文在线加速资本运作，2016 年实现定增 20 亿元，完善产业链布局。投资方面，中文在线通过项目投资、股权投资、生态投资三个层面，层层深入文化产业布局。首先，在影视项目投资方面，由中文在线和爱奇艺联合出品的《新白娘子传奇》已拍摄完成，即将上线。其次，股权投资方面，中文在线放眼国内外，投资新浪阅读、wuxia world 等优秀文化企业，强化全球布局。2018 年，通过并购二次元领军企业晨之科，深化在二次元领域的布局。最后，中文在线成立中文基金，通过杠杆效应，撬动生态资本，重点关注 IP 领域，包括动漫、二次元、媒体、娱乐等相关细分领域，进行更为广阔的生态投资，目前，中文基金已完成 10 余家文化企业的投资。

四、区块链技术将对“互联网+文化产业”带来重大变革

区块链技术最显著的内涵在于使用分布式记账、分布式数据存储、非对称加密、点对点传输、共识机制、加密算法等计算机技术的新型应用模式，确保数据不可篡改、全程可追溯，从而解决社会交往中的信任构建难题。所谓共识机制是区块链系统中实现不同节点之间建立信任、获取权益的数学算法。区块链技术作为一种分布式全民参与记账的方式、去中心化的网络，未来的应用也将越来越多。互联网特别是移动互联网的发展，将客户大量地从线下搬到了线上，所以被称为“根本性的变革技术”。

（一）“互联网+文化产业”与区块链相结合

随着互联网技术的不断发展、智能手机的迅速普及和用户线上消费习惯的逐步养成、文化产业加速向数字化转型，未来的文化产业投资、开发、运营、消费或将完全建构在互联网技术平台之上。而与区块链相结合，文化产业区块链的常见尝试方向包括版权确权与交易、用户社区运营、价值内容生产、去中介化、融资方式、信用记录、产业生产组织方式等领域。人工智能显然可以在军事上应用，半导体对于现代商业科技至关重要，如手机和电脑；而区块链是一种更“弥散”的科技，较难理解，也缺少一种明确和广泛的应用。

区块链等新兴技术能够打通数据共享渠道，发挥数字资产价值。5G、人工智能以及区块链的快速发展，不仅可以解决数据共享的难点，还可以打造一个全新的生态，产生全新的供应链、社交媒体。区块链作为对传统信息技术的升级与补充，将与其他新兴信息技术相互融合、相互促进。当前区块链仍处于发展初期，不仅需要政府、行业联盟、企业合作制定技术标准和共识机制，更离不开 5G、物联网、人工智能、大数据等技术的支持，从而实现技术的深度有机融合和产业的高效发展。

（二）区块链技术是多种技术的有机组合

区块链对于文化及相关领域的作用及应用主要集中在知识产权、中介信用、供应链管理、教育就业等方面。其中，区块链为艺术品交易中艺术品防伪提供了新方法；在数字内容发行过程中，可以系统地保护艺术家的知识产权；在教育领域内可以有效保障学习经历和学术成果的真实性。区

块链技术本身并不仅仅是一种新技术，而是多种技术的有机组合进而带来新的价值；我们也不认为区块链与产业互联网的结合是区块链技术向传统的回归，而是区块链技术按照业务发展需要进行的自身体系构架的深化和发展。

（三）区块链自身的产业化是必然的发展方向

除了与其他技术一样，与具体产业相结合，构建更加高效的产业互联网，服务实体经济发展，自身的产业化也将是区块链必然的发展方向。随着区块链多种底层技术的突破和区块链自身架构的优化，以及其他相关技术，包括云计算、边缘计算、大数据、人工智能、物联网等技术的逐步成熟，以区块链为核心的产业化趋势也逐步显现。从上游的人才培养和学科建设，到下层的技术突破和产业应用落地；从与其他产业的结合并带动相关产业和行业实体经济的结构优化和内涵增长，到自身完整的产业链条的形成，其迅速占据新的经济制高点，形成经济新的发展引擎。区块链自身的产业化发展越迅速越完善，区块链优化和重构整个经济体系的程度就越高，区块链对经济发展的引领作用就会越明显。在中央政治局集体学习时，习近平总书记指出，要推动区块链和实体经济深度融合；要利用区块链技术探索数字经济模式创新；要探索“区块链+”在民生领域的运用；要推动区块链底层技术服务和新型智慧城市建设相结合；要利用区块链技术促进城市间在信息、资金、人才、征信等方面更大规模的互联互通；要探索利用区块链数据共享模式，实现政务数据跨部门、跨区域共同维护和利用，促进业务协同办理。习近平总书记要求的落实，不仅取决于区块链技术的单兵突破，更要求区块链整个产业快速完善并协调发展，从而推动产业的更大创新。因此，文化产业是区块链最适合应用的行业之一。

（四）发展区块链将对国家、社会以及各行业产生深远影响

1. 高科技领域核心自主创新的重要突破口

近年来，国家非常重视高科技领域的自主创新，先后出台了云计算、人工智能等多个领域的产业发展策略，大力推进区块链技术和产业发展，也是整个推进链条的一环。

与互联网技术相比较，区块链技术是建立在发达和不断进化的互联网技术基础上，其物理性基础设施、硬件，甚至硬技术处于区块链的底层。或者说，区块链技术更多体现为非硬件、非物质和非物理的形态。人们很

难直觉地看到所谓的区块链技术，它是一种“看不见，摸不着”的技术，导致人们对区块链技术认识相对困难。

从区块链技术、应用及产业发展情况来看，我国和国际先进水平基本上保持平齐，虽然在核心算法（如加密机制、共识算法、安全体系）等方面还存在一些差距，但我国在技术与产业应用结合上具有天然优势，为区块链技术和应用发展提供了良好机遇。如能在大规模业务应用创新和产业推广的同时，区块链技术在核心技术（如密码学、操作系统、现代信息处理、信息与通信安全）方面取得突破，将为以信息技术为核心的“第四次科技革命”带来新动能。

2. 区块链技术将带来的变革

（1）在社会生产协同方面。区块链技术可改造升级数字金融、物联网、智能制造、供应链管理、数字资产交易等生产领域，通过信任和协作来加快产业发展、发挥市场优势，进一步将创新、应用、价值、协同都建立在基于区块链的信任、透明体系上，实现“一链通”，提升跨企业、跨行业、跨地域多要素协同，形成“化学反应”，降低信用、资金、质量、资源等方面的风险，提高协作效率，培育新的生产关系。

（2）在文化社会生活方面。“文版通”是国内首家且是唯一一家合法的泛文化区块链应用国家级平台，通过提供应用场景及文化艺术品版权的锚定资产、实物，加快推进区块链、大数据、人工智能等技术研发应用和推广，打造包含文化及艺术品版权的溯源上链智能合约、确权流转交易平台。

五、人工智能在智能经济、文化产业多领域的影响与变革

（一）人工智能的发展是技术产业化整合的过程

人工智能（AI）已经进入了以人工智能为核心驱动力的智能经济新阶段，智能经济将给全球经济带来新的活力，是拉动全球经济重新向上的核心引擎。人工智能驱动下的智能经济，将在三个层面带来重大的变革和影响。首先，人机交互方式的变革，未来 20 年是人们对手机依赖程度逐步降低的 20 年，在智能经济时代，智能终端会远远超越手机的范围；其次，智能经济也会给 IT 基础设施层带来巨大改变；最后，智能经济会催生很多新业态。

以人工智能为代表的新一代互联网技术，取得了前所未有的快速发展，语音、视觉、语言、阅读、翻译——在人工智能研究的各个领域中，微软都在快速接近人类水准。

今天人工智能技术的发展速度，已经远远超出了我们以前的想象。在推动技术进步的同时，我们也在认真思考新技术创新、应用可能带来的社会影响，以及人类将要面临的共同挑战。打造负责任的、可信赖的人工智能，不仅是我们的愿景，更是我们共同的责任。社会进步需要更多的创新和合作，只有这样，才能保证人工智能造福整个社会。面对人工智能的迅猛发展，世界各国、技术企业、行业组织和所有利益相关方，共同肩负着这一不可推卸的社会责任和历史使命。基于在技术领域工作多年的经验，笔者相信，只有开放合作才是推动技术发展、社会进步、人民幸福的关键保障。

人工智能带来的智能化浪潮席卷全球，这背后主要得益于计算能力、大数据和算法上的突破。尤其5G网络商用后，支撑百亿、千亿级海量设备连接至网络，使得万物互联成为现实，并在云计算、AI等新技术加持下，使信息科技迎来一个万物智能新时代。

（二）人工智能使文化产业触发产业变革

近年来，以人工智能、区块链为代表的新型科技为文化等产业带来了全新的面貌。国家要把人工智能、区块链作为核心技术自主创新的重要突破口，明确主攻方向，加大投入力度，着力攻克一批关键核心技术，加快推动人工智能和产业创新发展。

人工智能需要被教育，需要汇入很多信息才能进化，进而产生一些意想不到的结果。AI影响很大，例如媒体业，现在计算机跟机器人不但可以写出很好的文章，而且一小时能产出好几百篇，成本也低。AI对经济发展会产生剧烈影响，很多知识产业跟白领工作也可能被机器人取代。

如今，人工智能已成科技巨头们的核心战略之一。微软、谷歌、阿里巴巴、华为和百度等全球科技巨头积极拥抱AI，并推进AI技术落地。在它们的推动下，AI技术广泛应用至各行业，从制造到工业互联网，从交通到智慧城市，从智能家居到智慧家庭，AI无处不在。

尽管目前大众及舆论对人工智能的呼声很高，但就现实状况而言，当下人工智能还处于非常低智能的阶段。但这不影响风投及创业公司对这个领域的青睐，研究过程中发现除了谷歌、微软、BAT等大企业在布局人工智能外，很多初创的小企业也极力找准其中的一个发力点，比如农业、零售、智能家居作为未来发展的战略和趋势布局押注。人工智能不只是风口，它还是下一个趋势！虽然目前人工智能发展还是婴儿阶段，但是未来所有的行业和生活方式都将被AI重塑。人工智能触发的产业变革，将涉及所有行业和个人。人工智能在行业应用上包括智能机器人、智能驾驶、无人机、AR/VR、大数据及数据服务、各类垂直领域扩大应用，而不是狭隘地停留在机器人方面。

第四节　问题与思考

一、互联网推动产业融合的原则与建议

目前存在的互联网推动产业融合的两种途径没有明确的优劣之分，只看在不同情况下使用得恰当与否。在推进产业融合发展过程中，应明确传统产业的核心价值与发展理念，不能为了产业融合而推动产业融合，应在充分发挥传统产业核心价值的基础上合理利用互联网技术。目前以第一产业、第二产业为核心的产业融合大多以产品本身的升级为目的，互联网主要作为产业融合的工具，即以互联网为技术基础进行产业融合；以第三产业为主的产业融合则有相当一部分表现为产品的生产、流通、消费等环节的升级，互联网作为一个平台，整合、支撑各产业的融合，成为产业融合的核心，即以互联网为核心进行产业融合。无论何种情况，都要首先认清互联网在推动具体产业融合过程中的地位与作用，从而真正通过产业融合实现产业升级①。

第一，要实现互联网推动产业融合，首先应加快互联网基础设施建设。

第二，应支持基于互联网的各类创新活动。

第三，改革传统产业规制模式。为产业融合创造良好宽松的政策和制

① 吴欢．我国互联网推动产业融合的方式研究［J］．智富时代，2019（3）：38-41.

度氛围；协调产业融合进程中各方的利益分配问题，尽最大可能降低融合中的阻力；破除传统产业部门间的分割与垄断，整合多头管理的体制机制框架，促使资源在产业间自由流动，从而推进产业融合的进程。

二、移动互联时代的文化产业内驱力

文化产业新的类型不断出现，产业结构不断完善，新的消费行为体不断生成新的文化景观，文化产业生态不断变动重塑等都是这场变革所带来的影响。不应忽视的是，当互联网给文化产业注入活力、带来正外部性的同时，也带来了一些问题。

首先，量与质的对冲。海量信息、快餐式社交的背后，导致了文化内容产品和服务的鱼龙混杂，产品更新速度快，但精品依旧缺乏，能够体现中国优秀文化、时代价值的作品缺乏。在追求数量发展的同时，提升内容、产品、服务的品质，真正让中国的文化产业影响世界是今后发展的方向。

其次，在二次元经济、网红经济、粉丝经济的冲击下，文化产业制造业虽有一定发展，但文化实体经济依旧发展缓慢。伴随 5G 试点、人工智能、虚拟技术的发展，如何将实体经济纳入网络经济的发展范畴，更好地撬动“互联网+”对实体经济的贡献，将是我们未来不可回避的议题。

再次，以 IP 为核心的知识产权产业近年来得到了长足的发展，但是优质 IP 稀少、版权保护制度亟待跟进等问题依旧存在，作为文化产业的核心部分，知识产权的发展还需在技术保护、制度保障、品质提升方面下足功夫。

最后，伴随着智能技术、大数据、云计算纳入到文化产业价值链，智能、算法、数据监测背后的隐私与安全等伦理问题的考量变得不可或缺。对于人工智能技术研究与运用正处于高速进步期的中国而言，如何在科技、产业与伦理保护之间寻得一个平衡，是时代赋予我们的命题。

以上这些为思考文化产业的核心内驱力是什么，在互联网时代文化产业何以更优、何以更强等问题提供了现实前提。当技术成为一种强势逻辑，文化产业的提升与发展应更多地厘清技术、文化与产业三者的关系。

其一，技术是文化产业发展的重要变量，但不是唯一变量，在注重互联网等新技术对于文化产业的贡献之时，要注意其对文化产业发展带来的副作用。技术形态改变文化业态，但文化的内核依旧是服务于人的精神需求和价值追寻。

其二，文化是文化产业发展的灵魂，是内向度的生产力，它不仅代表着一个国家精神的价值体系、物质的符号体系、行为的制度体系，也是一个国家产业实力、产业地位、综合国力的重要表现。只有将文化的无形资产纳入有形的技术形态、产业实体之中，产业的发展才有内在活力，产业的产销、分发、应用才有根基。

技术迭代的无限可能已被开启，中国文化产业的发展将面对更多技术带来的机遇和挑战，回归文化内核，借力技术革新或是我们应对未来时空的应然选择。

三、促进人工智能技术各行业的深入对接

当前，世界经济正迎来以人工智能为主要标志的第四次科技革命。人工智能的实施主要依赖于应用场景。尽管中国在部分核心技术方面的领先优势不足，但作为全球人口最多、制造业规模最大的国家，中国是全球最大的人工智能应用市场，具有应用场景上的绝对优势。近年来，以商业应用为引领，中国实现了人工智能市场化应用的高速发展。颠覆性技术的突破不仅会导致全球价值链的深度重构，也会助力新兴经济体实现弯道超车。中国当前应牢牢地抓住新科技革命开启的机会窗口，全面深化改革，破除体制障碍，增强政策制定的精准性和引导性，提高生产要素配置效率。企业应及时抢占商业模式重构先机，推动人工智能与场景创新的高度融合，实现与第四次科技浪潮的同频共振。

（一）促进人工智能技术与媒体应用场景深入对接

1. 完善媒体人工智能发展机制，培养健全的媒体人工智能生态

一方面，管理部门应当出台更多扶持人工智能发展的政策，目前人工智能相关政策更多地停留在战略层面，而没有落实到具体发展中，应当对人工智能技术在各个垂直领域的发展做出更为具体细致的指导规定；另一方面，管理部门需要继续对媒体人工智能领域的发展进行资金支持，其间可利用申请条件的偏向性对广大媒体和技术企业做出潜移默化的引导，培育目前较为边缘的基础性人工智能技术市场。

2. 推进技术融合，促进人工智能技术与媒体应用场景深入对接

在媒体融合的大趋势下，许多媒体具体应用场景中往往包含了文字、图片、声音、影像等多维度内容，然而目前的人工智能技术基本只针对某一内容有个别的深度研发；在包含多维度内容的许多应用场景下，如果要使用人工智能技术进行一些识别或计算，就需要使用各个技术公司的不同技术产品对其进行协调应用，然而不同的技术公司之间因为产品设计的思路不同，往往难以兼容，在这样的场景下使用人工智能技术反而会导致时间的浪费、效率的降低。人工智能技术应该针对媒体的具体应用场景做更深入的调研和思考，在媒体融合的同时，也应同步做到相关技术的“融合”，只有这样，才能真正将人工智能技术与媒体应用场景对接起来。

3. 明确媒体人工智能技术发展方向，优化产业格局

头部企业要起到良好的带动作用，对媒体人工智能技术的开发应用给予更多深度关注，在技术开发上注重均衡，有意识地培养市场，而不能仅仅是追逐市场。对技术发展比较初级的、针对中小媒体的基础性领域应加大力度，开发出众多中长尾内容平台适用的人工智能技术，提升中小媒体的核心竞争力，助力其摆脱生存困境，平衡产业发展，优化产业格局。另外，应当避免产业中的不良竞争，给予其一定的生存空间，并鼓励中小企业创新发展、做大做强。

4. 建立中介机构完善产业链，驱散技术企业与媒体市场间的迷雾

目前，媒体人工智能领域产业链中缺乏沟通技术企业和媒体的中介桥梁，应当引导建立相关行业协会、组织联盟，形成一个良性沟通平台，适时举办媒体人工智能发展相关论坛，对发展中的问题进行总结探讨。在市场中，引导资金流向中介桥梁领域，创立咨询机构，对媒体人工智能的市场反馈进行及时梳理总结，给予有需要的技术企业发展方向上的意见建议；建立培训企业，对媒体从业人员进行人工智能素质培训。

（二）媒体人工智能发展的未来

完善人工智能发展机制，培养健全的媒体人工智能生态；推进技术融合，促进人工智能技术与媒体应用场景深入对接；明确媒体人工智能技术发展方向，优化产业格局；建立中介机构，完善产业链，驱散技术企业与媒体市场间的迷雾。

从更高一层意义上讲，人类应该努力尽可能地发扬物的用处，而不被物役。反对或者赞同，其实无法阻止历史趋势的到来。工人砸机器阻止不

了工业革命的到来，何况任何事物都有其两面性。并且，人不是被动的存在，在享受技术革命带来的福祉时，相信也有控制和辖制其弊端的可能性。

（三）政府方面给予支持

加快人工智能产业的发展、促进赋能效果的实现并使其成为新旧动能转换和高质量发展的重要动力，需要政府从以下六个方面给予支持：第一，加强对人工智能及配套技术的基础理论研究、产业共性技术的研发投入的支持，如脑科学、量子科学等，解决完全依靠市场而存在的研发投入不足的问题，推动人工智能的理论创新先行；第二，加强人工智能应用环境的建设，包括信息基础设施、数据互联互通、技术标准和数据安全等方面；第三，加强对传统产业部门数字化改造的支持，使传统产业具备数字化的条件，为下一步智能化转型奠定基础；第四，通过政府采购、国防采办为人工智能技术的新应用领域或新一代人工智能技术提供早期市场支持，促进人工智能新技术、新模式走向成熟；第五，完善创新创业环境，深化科技体制改革，给科学家、企业家提供更加宽容的研究环境和更加完善的创业空间；第六，加强国际合作，推进构建覆盖全面、导向明确、规范有序、协调一致的科技伦理治理体系，防范包括人工智能在内的新一代信息技术对经济、社会的负面影响，促进科技向善。

人工智能技术本身仍存在尚未解决的理论问题，在制度、政策等方面也存在制约，其成功商业化应用的领域仍比较有限。未来人工智能技术的发展空间巨大，但也需要看到，人工智能技术向其他产业部门的扩散、渗透与融合并最终充分发挥“使能”（Enabling）效果将经历一个曲折漫长的过程。AI 前进的道路上会有各种各样想象不到的事情发生。一切皆有可能，人工智能触发的产业变革，将涉及所有行业和个人。未来 30~50 年，推动世界经济发展的最重要力量很可能就是智能科技的进步。

（四）人工智能对经济增长和生产率的影响尚未完全显现

人工智能与产业革命时期产生的一批通用目的技术（General Purpose Technologies）一样，会对经济、社会产生重大影响，成为推动经济增长的重要动力。然而，通用目的技术对经济增长的作用往往并不是在其商业化初期就能够充分显现的，而是需要配套或互补技术的协同发展作为配合。

事实上，早在 Bresnahan 和 Trajtenberg① 关于通用目的技术的开创性论文中，他们就提出了“创新互补”（Innovational Complementarities）的概念。他们敏锐地发现，一方面，通用目的技术的创新可以导致下游部门研发投入生产率的提高，有助于它们在整个经济中的传播；另一方面，在广泛领域中使用通用目的技术可以提高通用目的技术的发展回报。但是由于互补性创新活动广泛分布于经济中，其难以为通用目的技术和应用领域提供充分的创新激励。

从新一代新技术发展趋势及跨界融合应用来看，有几个需要重点关注的方向：人工智能从感知智能向认知智能演进、计算存储一体化突破 AI 算力瓶颈、工业互联网的超融合、模块化降低芯片设计门槛、规模化生产级区块链应用将走入大众、量子计算进入攻坚期、新材料推动半导体器件革新、保护数据隐私的 AI 技术将加速落地、云成为 IT 技术创新的中心。

四、不断创新数字文化产业的治理方式

随着 5G 逐渐商业化，它将成为支撑数字文化产业的重要力量，其发展空间和支撑力也将越来越大。此外，云计算、大数据、人工智能和区块链等其他重大技术对于数字文化产业的发展同样重要。产业互联网和消费互联网的融通将会带来数字文化产业的急速增长，将助力其更好地扩展它的领域，并在可融合的传统领域中，普及数字文化的新型创意方式。此外，我们需要推动企业前端产品的战略规划和设计，以及更好地应用政府的大数据，即公共服务的大数据，同时推动数字创意向制造、服务一体化转型。

总的来说，新趋势与老问题同时存在，我们需要不断解决问题、拓展发展空间。新趋势、新技术是推动我国数字文化产业的增长点，新文创代表了数字原创能力的提升。建立一种新的治理模式既是机会也是挑战，其中最大的机会就是产业互联网和数字互联网的融合。国家提到了社会治理和国家治理能力的提升，而数字文化产业也需要一个治理方式。数字文化的出海逐渐从资本出海向产品出海、技术出海和规则出海转变。数字文化

---

① Bresnahan T. F., Trajtenberg M. General Purpose Technologies “Engines of Growth”? [J]. Journal of Econometrics, 1992, 65 (1): 83-108.

产业的发展趋势已经产生，方向已经明晰，但我们还有一些问题需要解决，如科技含量不高、数字文化国际竞争力仍需提升等。

五、区块链技术应用面临的挑战

首先，区块链与应用场景和恰当需求的匹配是一个渐进过程：区块链作为一个全新的信任和价值处理机制，与传统 IT、互联网技术存在较大的差异；对区块链的恰当应用，不单是技术问题，更是思考方式的转变过程。用区块链能解决生产生活中的哪些痛点问题，是一个需要不断“探索—实践—升华”的过程。基于区块链的示范项目将非常有助于缩短这个过程。

其次，区块链技术尚处在技术创新期。数据组织方式从经典的链式结构到有向无环图、平行链等，通信方式从 P2P 到组播再到闪电网络，很多新的理念、机制还在不断涌现。区块链技术体系还处于创新的活跃期。一方面，这要求区块链从业者保持学习和创新能力；另一方面，这些创新说明区块链与应用需求的结合日益密切、区块链技术具有蓬勃的创新能力。

区块链技术对现有法律法规和监管框架带来挑战。形形色色的数字货币创造了一个触角遍及全球每个角落的、史无前例的人造市场，遭遇了广泛质疑。数字货币体系中服务提供商和用户均为匿名，使得一些不法分子易于掩盖其资金来源和投向，这为洗钱、恐怖融资及逃避制裁提供了便利。为此，需加强国际监管协调，形成一致的监管政策。另外，区块链应用到其他商业场景上也有一系列法律和监管问题，例如，如何界定智能合约的法律主体性质、如何解决金融交易的最终确认时点（Finality）等。未来要通过区块链，社会治理，形成社会化监督机制的透明网络经济，在这种透明经济环境下，经济协作会更好一些。

六、运用大数据分析构建科技金融风险控制机制

构建以科技平台为支撑的风控体系和定价体系。第一，风险评估机制。通过大数据可以对科技创新企业多维度信息进行充分了解，对于各类科技企业的自身产品价格、价值变动情况有足够多的行业参考信息源，通

过数据模型构建的产品定价的风险评估体系，客观且科学[①]。第二，风险预警机制。通过大数据、物联网等技术构建的科技创新企业风险预警体系，不仅可以对其存量、现实的资产进行实时监控，对于未来走势的预测也会有敏感的预警反映，一旦触碰风险底线可以及时进行风险提示和预警。第三，风险的缓释及处置机制。通过线上平台信息共享系统，可以实时将科技企业的目标资产进行产权转让、处置、变现等，解决好风险处置事宜。

① 杨亮等．我国经济金融化的形成逻辑、风险问题与治理路径［J］．华侨大学学报（哲学社会科学版），2019（2）：74-83.

第六章 新冠肺炎疫情对文化产业的影响与对策建议

新型冠状病毒肺炎疫情（以下简称“疫情”）给许多企业带来巨大的危机，跨行业的供应链、运营水平和管理能力变化使得市场格局重新被界定，中国社会及文化等产业将深刻转型。笔者就疫情对文化产业的影响给出对策与建议。

第一节　新冠肺炎疫情下文化企业发展的“危与机”

根据研究结果，发生疫情的城市对三次产业冲击次序为第三、第二、第一产业，其中，对第三产业即服务业影响最为显著，影响程度最大。疫情给每个企业带来巨大的危机，只有那些正确认知危机并做出彻底改变的企业，才能把疫情变成企业自我变革升级的契机。在此次疫情中，旅游、酒店、餐饮、KTV、文艺演出、影视剧院等文化旅游企业受到较大的影响。文化行业主要属于人力密集行业，成本压力较大，且与传统工业制造业等人力密集行业相比，属于创意产业，因此承担了更高的人力成本。下面就疫情冲击下企业经营模式的变革与发展趋势中的“危与机”做一探讨。

一、文化产业受疫情的影响

（一）文化企业面临现金流压力或资金链断裂风险

文化旅游景区全面关闭，没有收入，却要承担巨额的财务费用和设施维护费用、人工成本；酒店行业、文化项目等面临租金、融资成本、人员费用压力；庙会、灯会、演出等文化活动，前期筹备耗资巨大，现全面停止运营，投资打水漂；影视剧拍摄中止，需要持续增加投资；旅行社退团退款歇业，民宿全部停止运营。文化产业由于具有项目周期长、投资大、无形资产占比较大的行业特性，更加剧了价值变现和现金回收的压力。

（二）疫情引发一系列合同纠纷、劳资纠纷和侵权纠纷等法律风险

疫情引发了各种各样的纠纷，如电影《囧妈》撤档、发行争议，票务、旅行团、酒店退订法律问题，文化企业劳动合同争议，文化企业工作人员感染病毒工伤认定，文化项目因合同履行引发的债务纠纷，等等。

（三）文化产业园区及文旅项目的发展遇到了前所未有的困难

第一，文化产业园区、孵化器和集聚区等以集聚式、规模式、连锁化发展的主体形态面临空置危机。实体书店、影剧院、网吧等以人员集聚为主要特征的实体文化消费场所和公共文化活动空间面临相应网络运行形态的替代冲击，刚刚回暖的文化实体消费面临发展困境。

第二，文化特色村镇、生态旅游重点区域、城市更新社区等因为疫情面临生存发展难题。相应区域的当地居民未来一段时间的收入来源和劳动就业陷入困境。会展经济、节庆经济和赛事经济因疫情受到较大冲击。

第三，文博旅游、文创产品开发、研学旅游、红色旅游，夜间文旅消费等作为近期政府拉动内需的重点产业形态受疫情冲击非常明显。

总之，疫情对城市文化旅游品牌形象产生负面影响。城市管理能力、危机应对能力和安全应急能力成为文化产业发展重要的软性影响因素，而应对疫情的一系列管控措施可能会影响城市形象。

二、大疫面前，往往孕育着大机会——以阿里巴巴集团为例

每一次危机过后，都会导致新变化、带来新机遇（人们心理的变化、行为方式的变化、消费偏好的变化等），谁能抓住这个机会，谁就能逆势而上。比如 2003 年的“非典”就让京东和淘宝上了不止一个台阶，在 SARS 暴发期间，催生了中国线上经济模式的涌现。“非典”期间，发生 SARS 城市相对没有发生的城市，第三产业企业主营业务收入下降了 21.9 个百分点。受 SARS 冲击较大的行业包括民航业、体育、文化和娱乐业、

批发和零售业等。令人意想不到的是，发生 SARS 的城市显著促进了互联网和相关产业的发展，企业主营业务收入提高了 21.6%。因此，SARS 严重冲击的是有较大规模人群聚集的线下服务业，但一定程度上促进了线上服务业的发展。

2003 年 5 月 6 日，阿里巴巴有一名员工确诊了 SARS，全公司进行了隔离。此时，马云做出了一个重要决定：公司是转型的时候了，阿里巴巴的业务由 B to B 转向 B to C。当时董事会都觉得不可能，因为那时的阿里巴巴是一个仅仅成立四年的创业公司。即使董事会不同意，马云还是力排众议，秘密搞了一个小团队进行淘宝的调研，筹建淘宝。马云和阿里巴巴最终挺了过来——2003 年 5 月 10 日淘宝正式上线。通过简陋的“线上办公”稳定生产，不只通过关怀与激励稳住了人心，还发现了社会的真正需求——在线购物，阿里巴巴也因此涅槃重生。

首先，阿里巴巴完成了在线化——业务在线、协同在线、沟通在线、组织在线；其次，经过这种毕业考、生死之战后，阿里巴巴的文化第一次立了起来；最后，阿里巴巴因此闻名天下，所有人都知道了在线做生意要通过阿里巴巴。只要你打开页面就会看到：纪念在非典时辛勤工作的人们。后来，马云把 5 月 10 日定为“阿里日”。此后，内部凝聚力的高度统一成为阿里巴巴最有力的武器。马云的成功，有机会的因素，更有格局的因素。有些人只看见了“危”，束手无策；但有些人通过“危”看到了“机”，择时而动。马云则认为，企业家这时不仅要看到机会，更要看到责任。决策层的当机立断与以身作则、文化和组织能力的胜利、组织的温度，是阿里巴巴成功抗击“非典”的三点经验。“非典”让阿里巴巴意识到：第一，鸡蛋不能放在一个篮子里；第二，活好当下是不够的，必须有长远的打算；第三，“非典”改变了中国每个商人的思维方式。由此可见，每一次危机对所有企业都是一场倒逼，最终使企业成长、壮大。

三、疫情为文化产业转型升级提供了发展机遇

2020 年突发的疫情，改变了许多人的生活、工作状况，如果这种情况持续几个月，完全可以成为一种生活习惯和方式。而习惯一旦形成，常常会延续下去，不可逆转。这次疫情以一种极为特殊的方式，改变了人们的出行、沟通以及工作行为习惯，人们从开始的不适应，到想办法适应，到

现在已经适应在线、独立、协同工作的模式，在这种“平台经济”“宅经济”的基础上，正在酝酿着一场产业革新，5G 技术将让线上办公、线上合作等成为大势所趋。在线经济产业包括电商、直播平台、远程在线教育、远程在线办公、大型在线游戏等，基于互联网及其他新技术的新形态经济的历史契机，以下这些行业将顺势爆发性发展。

(一)“平台经济”“宅经济”走红

以电商为代表的“平台经济”将成为面向消费者的终端行业的主流。线上消费需求的增长给网络视频、直播、游戏等产业带来利好。电商、短视频、游戏将遇到空前的发展机遇，乃至井喷。主流游戏产品的日活跃用户数和用户时长都出现了明显上升。《王者荣耀》大年三十单日流水达到 20 亿元。以 B 站为代表的 UGC 互动视频生产模式和专业向互动视频生产模式的“爆红”明显提前了用户介入内容生产的时点，短视频时长的放开和新兴应用技术的开发一方面降低了制作门槛，激发大众内容生产热情，另一方面也为专业精品的产生积蓄了力量。

(二) 线上消费习惯加速养成，“线上”对“线下”的替代加速

诸多企业被迫加强线上模式，在线型业务如教育、培训、网络销售等产业将迎来快速发展。

1.“线上教育”对“传统教育”的加速替代

经历这次疫情，很多人已经习惯了在家里学习，传统的学习/培训机构必须加速转型。线上教育和知识付费等线上项目，就像互联网改变了产品的流通路径一样，互联网同样也改变了知识传播的路径。以前知识传播只能在教室，每个老师只能面对几十个最多上百个人授课；而现在一个老师可以在线上向上万人乃至几十万人授课，并且这些学生来自全国各地，包括落后山区（只要有网络）。线上教育的核心优势是使优势的教育资源平民化，而这一点恰恰是解决中国教育问题的核心。

2.“线上购物”对“线下购物”的加速替代

线上消费习惯的加速养成，让更多用户有了线上购买产品和服务的习惯，为此，与个人消费品牌、消费习惯相关的行业将迎来巨大发展空间。举个例子，大家在疫情期间从网上平台买菜。人们一旦尝到了甜头，等到生产生活恢复正常以后，反而就习惯在线买菜了。此外，无人零售、无人餐饮、无人机配送等高科技行业会强势崛起，未来的服务业里没有服

务员。

3. “线上获客”对“传统获客”的加速替代

很多企业已发现“线上获客”能力的重要性。无论是什么类型的企业，都必须拥有一种从线上获客的能力。传统的获客方式无非是电话、广告、分销等，这些模式的主动权不但会越来越小，而且成本将越来越高。线上获客的本质是靠内容获客，深度一点来讲是靠价值获客。未来各种线上平台会越来越开放，图文、短视频、音频等各种形式都有，你必须创造出有价值的内容去吸引你的客户。

4. “线上办公”对“传统办公”的加速替代

将来会有许多公司和大量人群习惯于在家里办公，且未来是个体崛起的时代，大量个体都脱离了公司独立发展，如网红、自由职业者、自媒体等，他们都不需要传统的办公室。与此同时，各种线上办公软件会加速盛行，尤其是能够实现个体协同的办公软件将被加速普及，除此之外，个体使用的办公家具也会流行，未来我们工作不再受地理空间限制。

天眼查数据显示，我国目前共有超过 4500 家“云办公”产品生产公司，其中上市公司六家。北京成为云办公企业聚集地。就相关企业的地区分布来看，北京拥有相关企业最多，达 1000 多家。从成立时间上看，有大约 100 家企业成立于 2000 年之前，是“老牌”企业；同时，也有接近一半的企业成立于五年之内，属于“新秀”。

5. “体验式场景”对“传统实体店”的加速替代

未来的实体店不再是以“销售产品”为中心，而是以“提供体验”为中心。VR/AR 等场景体验类项目将再次受到关注，再加上 5G 的成熟，其应用方面会加快进展，虚拟世界将一步步地变成现实世界。消费者的需求已经从对产品的满意度升级成了精神层面的满足感，为此，商家需要营造出一种无与伦比的消费场景，需要构建能够把消费者带入某种幻想场景的故事。

（三）疫情进一步强化了文化生产的个体化、自主化趋势

之所以说当下是家用办公家具、家用娱乐设备、个体崛起的时代，是由于未来将有越来越多的人在家办公，远程办公。线上办公软件，尤其是能够实现个体协同的办公软件是未来的趋势，工作也不再受地理空间限制。社会越发达，人的独立性就越强，未来有能力的人都会变成独立的经济体，且人与人的协作性也会加强。线上协同工作，是未来工作的主流。

(四) “免费” 对 “收费” 的加速取代

由于观影消费需求无法在线下满足，院线的客流直接转化为视频网站的流量。春节期间因为疫情的出现，徐峥突然放弃了《囧妈》的院线，改为线上免费收看，开创了中国电影业的先河，可以说是彻底颠覆了传统电影行业的盈利模式，这其实是一种必然，因为线上免费是大势所趋。随着社会的发展，未来一定有越来越多的东西开始免费，越来越多东西的利润开始无限接近于零，那么商家靠什么盈利呢？靠收费的后移。今后商品的利润环节越来越后移，甚至是隐藏的，如《囧妈》撤档后在网络平台播出，三日播放量超过 6 亿，收看的人多了，于是广告可以收费更多了。此外，电影的衍生品也可以赚钱。

(五) 疫情有利于提高数字化、科技能力在文化产业中的实际应用

这次疫情，让很多人真切感受到了在线的价值。当武汉封城，全国各地都在自我隔离，取消线下各种活动的时候，拥有线上平台的企业反而是大展身手的时候。无人技术、大数据分析和智能应用等高新技术参与文化产业生产的规模远未达到预期效果，但疫情让众多市场主体更加意识到了科技应用和创新驱动对维持产品竞争优势的作用，加快研发投入和模式创新成为众多文化企业度过寒冬的选择。以此，或许能取得转危为机、事半功倍的效果，为转型注入“活力剂”。

第二节　企业自我变革升级的契机

一、培养动态应对“不确定性”的能力

突如其来的疫情用一种特殊的方式让我们理解不确定性、非连续性以及不可预测性，再次证明了未来世界具有不确定性的一面。应对风险和不确定性本就是企业管理的基本职能所在，而在风险中看见机遇更是企业家的本能。正如北京大学国家发展研究院陈春花教授所言，“在危机来临的时候，我开始强调人的作用，重视人的主观努力，强调企业自身的能力，

而非环境的约束。只有这样，才可以真正与不确定性相处，与动荡的世界相处”。

在一个持续变化的环境里，没有人能够预测并做出相应的判断和选择。在这种情况下，正确的做法就是要朝着特定的方向，做好一次又一次调整自己的准备，并努力在前进过程中不断验证和改变，以适应不断变化的现实。在太多的不确定性市场中，持续而灵活的适应性、应对不确定性是一种常态能力，也是你必须要掌握的能力。文化行业的经营者也应有所反思，尤其是此次国内市场出现的突发情况，在企业将承受巨大市场损失的情况下，经营者可在未来尝试积极拓展国际市场，化解对单一市场的过度依赖。在一个不确定的环境下，企业作为一个社会组织，本身就应该具备抗风险的能力，企业家时刻都要有预期风险和承受风险的能力，需要有双业务模式来与不确定共处。企业经营者如何能提升应对不确定性风险的掌控能力，加强对不确定性环境及极端事件下的企业战略管理研究？以数据化为基础，智能化开始真正可以为社会与企业所用，帮助企业进一步面对经济的复杂性，并实现应对不确定性时的降本增效。如何创新价值空间，协同行业内外的合作伙伴，为顾客创造新的价值是企业持续经营和成长发展的重要命题①。

二、跨行业的供应链、运营水平和管理能力检验——“共享员工”

始于盒马鲜生与餐饮企业“共享员工”之后，京东七鲜、美团买菜、叮咚买菜、永辉超市、三江购物、步步高等上市公司纷纷发出“借调令”，试图通过招聘因疫情而无法复工企业的员工，以兼职方式解决“用工荒”。“共享员工”—“共生价值”的举措是疫情期间民企自救的缩影。

突发的疫情不仅检验着各个企业背后的供应链、运营水平和管理能力，也打通了供应链之间的流动。“共享员工”打破了传统的以行业划分为前提的竞争战略理论的限制，将整个行业价值链上各环节的关系变为价值和利益交换，以打造同生共死的商业生态系统价值网。同时，公司将社会问题和企业战略相结合，为政府分忧，既可降低自身成本保障业务，也

---

① 陈春花．让心安住［M］．北京：机械工业出版社，2018.

可优化公司与政府之间的关系，以期获得政府的认可和资源倾斜。

疫情期间线上需求暴增。一方面因“闭店”而导致大量员工待业在家，另一方面因订单暴增而遭遇“用工荒”，这两种状态在截然不同的企业之间碰撞出了火花，通过这种双赢的自救直击了困难企业痛点，“共享员工”模式迅速得到众多企业响应，有效改善了合作企业各自的境况。随着复工复产的推进，“共享员工”陆续回到原来的工作岗位上，大量空缺岗位或许又将出现。此次疫情对各行各业的冲击确实不小，但并非根本原因，顶多只是催化剂。

三、通过智能化模式创新实现行业发展路径蜕变

疫情对线下服务业冲击最大，如电影等娱乐业、实体商场等零售业、餐饮业、出租业等，而同样新兴的线上服务业会获得较多的商机。由于线下实体服务业具有稳定的供应商、客户、大数据等优势，可以利用智能化模式创新，转变营运模式开辟线上运营商店，从而缓冲来自疫情的冲击。对于高科技行业，一些科研人员无须到办公室坐班，可以采取线上开放远程办公模式，通过视频会议进行沟通。在 SARS 期间就已经实现了线上服务业模式创新，而这次疫情可能会催生工业智能化生产模式。首先，利用机器人取代劳动力，实现无人生产工厂；其次，通过人工智能技术改造生产线，实现停工不停产；最后，打造企业智能化运作，鼓励人工智能企业的技术创新，加快人工智能在产业链上下游的应用，实现企业内部和企业之间的智能化运作。

四、智能协同下企业对传统的、内化的组织结构进行彻底的变革

从组织而言，我们在疫情防控中看到，具有协同工作、价值网络与价值伙伴成员的企业，如腾讯、美的集团、阿里巴巴集团等企业在此次疫情中，能够快速做出反应，高效行动，不仅在疫情防控战中发挥着巨大作用，同时也在调整企业自身的应对措施中占有先机。

智能协同是企业在今天需要拥有的工作方式，这种新的工作方式，可以让组织成员更加具有创造力，并可以发挥作用；可以让企业能够动态应

对变化，在价值网络中与价值成员更高效地创造价值。

智能协同的工作方式，其核心是让每个个体更加独立，同时协同的关系更加便捷和高效，更多的人是在一个网络结构之中、在一个群组之中。

每一个工作单元成员，可以是灵活便捷的组合，组织成员也可以同时在各种不同的组合之中，信息要求更加透明、对称，而成员之间是围绕着任务展开工作，而不是围绕着权力或者流程展开工作，这就要求企业对传统的办公模式进行彻底的变革。

智能协同的工作方式，其核心是精简组织结构，让组织成员可以更贴近顾客和价值伙伴成员，让企业与价值伙伴、顾客之间边界融合，而由此带来的是企业与价值伙伴成员更高效的协同合作，改变和重构价值链或者价值网的价值。这就要求企业对传统的、内化的组织结构进行彻底的变革。

组织管理模式变革在于改变原先的领导优于管理模式——关注管理的人，更多的是关注预算与计划、职责划分与权力界限，他们往往更关注指令和流程，关注控制与问题，事实证明这很难应对危机。如今应该变为更多的是关注企业发展方向与目标，如何联合组织成员，如何激励和鼓舞人们去实现目标。实际现在已经有不少企业在调整组织架构，共同点都是组织扁平化管理，加大对一线的授权和赋能。

五、中国社会及文化产业将深刻转型

从客观的角度来说，此次疫情的确是巨大的危机，但是也可以看到这样一种情况，危机使得市场格局重新被界定。对于可以利用这种格局的企业而言，危机也是一种新的契机。如果企业管理者真正理解危机带来的冲击，理解如何去认知危机并做出彻底的改变，危机可能对改变的企业来说并不都是坏事。

由于当前互联网经济模式已经深刻融入服务业之中，因而在一定程度上也会降低对服务业的冲击。可以肯定的是：在线上和线下的博弈中，本来就占上风的线上，这次又占了一次上风。当武汉封城、全国各地都在建议自我隔离、取消线下各种活动的时候，拥有线上平台的企业反而是大展身手的时候，一些不具备线上平台，但是具有数字化能力的企业，也快速和平台对接，找到自己的机会。但是，没有数字化能力的企业在这段时间里完全束手无措。如果在疫情前，面向数字化转型对于很多企业来说还只是一个口号，我希望经此疫情，企业要真正动起来，让自己成为一家拥有数字化技术的公司，无论是你的商业模式，还是你的组织运行模式，都变成数字化模式。

由此我们需要进一步思考，中国社会在应对不确定性的“黑天鹅事件”面前，应该有怎样的状态或应该是一种怎样的氛围？在抗击“非典”后的 17 年里，中国的互联网技术向纵深方向发展，“互联网+”向各行各业渗透，人们的生活方式发生巨大变化，传统产业转型升级有了新模式，新兴产业创新有了新动力。如今，以大数据、AI 为代表的新互联网技术，纷纷走进抗击疫情最前线，极大地节省了人力和物力的投入，发挥着新技术在捍卫人类健康福祉中的独特作用。这就是疫情带来的深刻变化，甚至会彻底改变中国 14 亿人的生活消费习惯。从深层次去想，这是多么可怕的一种商业变迁。历史进程就是被一个个“黑天鹅事件”突然改变方向或突然加速。这次疫情以一种极为特殊的方式，改变了人们出行、沟通以及工作行为习惯，人们从开始的不适应，到想办法适应，到现在已适应在线、独立、协同工作的模式。

这场疫情过后，企业在线化的进度会被迫加速，变成每个企业的生死之线。以前他们是不会有这样的感触的，认为慢慢来也可以。在全球高度互联与快速演化的时代，不确定性、复杂性、突发扩散性、快变迭代性的商业与社会环境，是企业应当直面的新常态。这个时代，商业交易与社会交互日益紧密的嵌合，给企业创造了更多更大的创业创新机会，但也必然使企业与社会的相对“隔离”的自为经营，越来越不可能。

第三节　新形势下北京发展文化产业的对策措施

一、进一步推动北京文化产业高质量发展

按照首都高质量发展的要求，《北京市文化产业高质量发展三年行动计划（2020-2022 年）》（以下简称《三年行动计划》）立足四个中心战

略定位，突出全国文化中心建设，围绕人民群众精神文化生活新期待和首都高质量发展新要求，聚焦内容创作生产、创意设计服务、文化融合发展等文化产业重点领域和关键环节，着力健全现代文化产业体系和市场体系，积极培育新型文化业态与消费模式，在谋篇布局上体现了动力变革、质量变革、效率变革的产业发展导向。

围绕《关于推进文化创意产业创新发展的意见》和市级相关政策落实，《三年行动计划》在充分研判未来文化产业发展趋势的基础上，与《关于推进文化创意产业创新发展的意见》和市级相关规划及经济政策进行充分衔接，在内容框架上贯彻“内容为王、创新融合”两条主线，按照聚焦重点、抓住关键、精准发力的要求，梳理安排了一批近期服务北京市文化产业高质量发展、远期推动文化产业发展引领区建设的改革创新举措和产业重大项目。

依托科技支撑，加快和深化数字化转型，一是在资源配置上需要进一步加大科技的投入，建设功能强大的科技平台；二是从技术服务于业务向推动业务变革转变，进行再造业务的流程和组织的优化。

在地域上，我们分四个板块来看，除了东部的整体文化产业发展质量水平较高以外，中部、西部、西北和东北，总体水平还比较弱，北京需要通过全国文化产业的产业链整合辐射带动中西部高质量发展。

按照优势互补的高质量发展格局，北京文化产业的发展重点，在内容版权与创作生产、文化科技与创意设计服务、文化传播渠道、新闻信息服务等文化核心领域，以及文化金融、文化贸易方面实现高水平创新与突破①。

构建完善文化内容传播体系，推进演艺之都、影视之都建设，完善实体书店布局，培育发展网络视听、移动阅读、在线教育、网络文学、数字出版、知识服务、电子商务等新兴网络平台，加大影视译制基地建设，推进文化企业海外布局等方面重点任务是北京文化产业发展的方向。

---

① 北京市文化产业高质量发展三年行动计划（2020-2022 年）[EB/OL]. http://www.scio.gov.cn/xwfbh/gssxwfbh/xwfbh/beijing/Document/1671886/1671886.htm，2020-01-10.

二、北京市文化产业应对疫情影响的对策建议

制定北京市抗击疫情支持文化产业发展的若干政策。当前北京市出台了应对疫情对小微企业和重点行业的扶持政策，但缺乏针对文化产业特点的相应政策措施。笔者建议文化产业主管部门，结合文化产业受影响的实际，制定操作性强的扶持政策。

具体建议为：

1. 进一步利用好传统金融工具支持受困企业

对受疫情影响较大，有发展前景但暂时受困的文化企业，通过风险补偿、增量奖励、创新奖励等政策，引导各银行机构采取无还本续贷、调整还款计划、延长还款期限、信贷重组等措施缓解企业经营压力，帮助企业顺利渡过难关。

对有发展前景但受疫情影响较大的中小文化企业，鼓励金融机构对企业提供信用贷款。拓展文化企业信用融资规模，实行降低担保费率、免除担保缴纳义务等举措，支持金融机构开展文化专项金融产品创新。

2. 重新理解数字经济与传统经济的关系

此次疫情的应对，数字技术和信息网络与抗疫物资的生产、抗疫力量的调度密切关联，但疫情防控、人员流动信息采集、物资调度与分配、生活保障等所需要的信息系统、支撑平台一开始竟然是空白状态，缺位状态。疫情之后，诸多信息系统的互联互通、联防联动的需求将凸显出来；政府机构也需要相互联通的信息数据，来判断形势、统筹安排资源、恢复生产。

3. 发挥数字金融的普惠优势

金融科技企业和中小银行、互联网银行充分发挥数据、技术和平台优势，更好地服务普惠金融主体的融资需求。这有利于尽快恢复市场信心，增加市场活力，稳定就业，降低疫情冲击对低收入人群的不利影响。建议中国人民银行增加一定数量的小微企业专项贷款，比如将2000亿元定向提供给中小银行和互联网银行，专门支持在疫情中遭受重大损失的小微企业。此外，也可以考虑允许有风控能力的中小银行和互联网银行通过银行间债券市场增发一定数量的小微企业信贷资产证券化产品，鼓励它们降低面向小微企业的贷款利率。

4. 减免企业税费、租金

第一，受疫情影响较大，发生重大亏损，缴纳企业所得税、增值税确有困难的文化企业，可依法向税务机关申请减免。

第二，受疫情影响较大，办理纳税申报困难的文化企业，可依法向税务机关申请延期申报。

第三，对于旅游、会展、文艺演出、影视剧院、冰雪体育等受影响较大的文化企业，经相关行业主管部门确认，可将疫情影响期间应缴社会保险费征收期予以延长。

第四，对于文化实体消费场所在相应疫情防控号召停止运营期间产生的租金、税费和场所运营维护成本予以补贴、减免或返还。

第五，鼓励大型商务楼宇、商场、市场运营方对中小微租户适度减免疫情期间的租金，对采取减免租金措施的租赁企业可给予适度财政补贴。

第六，对为中小微企业减免租金的特色文化产业园区、孵化器、众创空间等园区经营企业减免相应土地租金所产生的税费缴纳义务，对老旧厂房等转型发展文化产业的空间相应的土地资源划拨补偿金和景区环境资源补偿金缴纳义务予以暂缓或减免。

此外，政府除了应急救急之外，更可以出台政策，鼓励企业创新产品推广思路，结合大数据时代的独有优势，在科技创新、融资体系、财税体系、企业家保护等领域，因势利导、推进改革。

三、结语

在党的十九届四中全会上中共中央提出要实现国家治理体系和治理能力的现代化。当前我们应该深度思考，如何真正实现治理体系和治理能力的现代化？我们坚信“没有一个冬天不会过去，没有一个春天不会到来”。此外，这次疫情对每个企业都是一次考验，考验整体协作能力、内在免疫力以及摆脱危机同时能否平衡发展的能力。而经此疫情危机，也一定是一个加速淘汰和加速升级的过程，那些能升级自己、提升免疫力的企业，将会化危为机，在危机中彻底地自我变革。此次疫情一定会深度改变中国社会的治理方式，“信心、品牌力、数字化”三个词概括了疫情后文化企业的绝境逢生之路。一直以危机驱动成长的华为科技有限公司，更是不断变革自我获得发展，而今已是全球领域内的领导者。在危机中确定增长的信心，在危机中彻底地自我变革。

企业家还要利用这个非常时间窗口，思考平时尚未深度思考的线上业务，特别是如何迎接5G全面商用时代“人工智能+大数据+5G+区块链”等给行业带来的深刻变革等重大问题。当下也是企业面对危机和新形势，大胆创新和部署未来变革的难得机遇。只有把机转为势，重新调整经营方针，创新发展；把势变成行，才能推动企业文化建设，保证企业永续经营发展。

参考文献

[1] Caves R. Creative Industries：Contracts between Art and Commerce [M]. Cambridge：Harvard University Press，2002.

[2] Fai F. and Tunzelmann Industry-specific Competencies and Converging Technological Systems：Evidence from Patents [Z]. Structural Change and Economic Dynamics，2001（12）：141-171.

[3] Howkins J. The Creative Economy：How People Make Money from Ideas [M]. Allen Lane /Penguin Press，2001.

[4] Stieglitz N. Industry Dynamics and Types of Market Convergence [R]. Paper to be Presented at the DRUID Summet Conference，2002.

[5] UNCTAD. Creative Economy Report 2008 [R]. Geneva：UNCTAD，2008.

[6] 艾青，周雪. 孵化器、加速器及科技产业园比较研究 [J]. 科技创业月刊，2012（8）：16-17.

[7] 白婧，王大鹏，刘澄. 促进金融与文化产业融合发展 [J]. 宏观经济管理，2011（2）：55-61.

[8] 陈柳钦. 产业融合的发展动因、演进方式及其效应分析 [J]. 西华大学学报（哲学社会科学版），2007（4）：74-78.

[9] 陈倩，严婷婷，张蕊等. 北京市文化产业发展研究 [J]. 合作经济与科技，2017（23）：8-10.

[10] 陈正军，邬华. 陶瓷文化创意产业背景下景德镇陶瓷文化旅游研究 [J]. 现代装饰（理论），2013（12）：196.

[11] 程立茹. 文化创意产业金融创新问题研究 [M]. 北京：中央民族大学出版社，2014.

[12] 戴春，倪良新. 基于创业生态系统的众创空间构成与发展路径研究 [J]. 长春理工大学学报（社会科学版），2015（12）：77-80.

［13］邓明健. 论金融科技的发展与趋势［J］. 北京金融评论，2019（1）：17-24.

［14］丁友林. 文化创意产业与旅游业融合发展路径研究——以泉州为例［D］. 华侨大学硕士学位论文，2018.

［15］杜亚. 法律视阈下文化创意产业融资问题研究［D］. 上海大学博士学位论文，2017.

［16］冯霞. 北京文化创意产业发展现状、问题及对策研究［J］. 中国管理信息化，2015，18（5）：207-210.

［17］高天光. 科技企业孵化器产业化发展的制度激励［D］. 山西大学博士学位论文，2006.

［18］顾江，郭新茹. 科技创新背景下我国文化产业升级路径选择［J］. 东岳论丛，2010（7）：74-77.

［19］关祥勇. 创意企业与创意产业的共同演化研究［D］. 西北大学博士学位论文，2011.

［20］《关于推进文化创意产业创新发展的意见》（京发〔2018〕14号）。

［21］郭松. 山东省科技企业孵化器的金融支持政策［D］. 齐鲁工业大学硕士学位论文，2018.

［22］郭卫华. 北京市文化创意产业的财税支持研究［D］. 北京工商大学硕士学位论文，2009.

［23］何立胜. 产业融合与产业转型［J］. 河南师范大学学报（哲学社会科学版），2006（4）：61-64.

［24］贺亮，龚唯平. 文化创意产业研究文献综述［J］. 产经评论，2011（2）：15-22.

［25］胡永佳. 产业融合的经济学分析［M］. 北京：中国经济出版社，2008.

［26］胡永佳. 产业融合的思想源流：马克思与马歇尔［J］. 中共中央党校学报，2008（2）：72-75.

［27］胡永佳. 从分工角度看产业融合的实质［J］. 理论前沿，2007（8）：32-33.

［28］胡志平. 产业融合视角下我国文化金融服务的兴起与创新［J］. 求索，2013（5）：25-27.

[29] 黄斌. 北京文化创意产业空间演化研究 [D]. 北京大学博士学位论文，2012.

[30] 姬新军. 北京市文化创意产业发展问题研究 [D]. 东北师范大学硕士学位论文，2015.

[31] 江小涓. 网络空间服务业：效率、约束及发展前景——以体育和文化产业为例 [J]. 经济研究，2018（4）：6-19.

[32] 蒋三庚，王晓红，张杰. 创意经济概论 [M]. 北京：首都经济贸易大学出版社，2009.

[33] 蒋三赓，王晓红. 文化创意产业研究 [M]. 北京：首都经济贸易大学出版社，2006.

[34] 兰建平，傅正. 创意产业、文化产业和文化创意产业 [J]. 浙江经济，2008（4）：41-42.

[35] 李柏峰. 北京文化创意产业发展存在的问题及对策建议 [J]. 科技创新与生产力，2013（12）：16-20.

[36] 李美云. 国外产业融合研究新进展 [J]. 外国经济与管理，2005（12）：12-20.

[37] 李燕萍，李洋. 科技企业孵化器与众创空间的空间特征及影响因素比较 [J]. 中国科技论坛，2018（8）：49-57.

[38] 李志祥，宋清. 科技型创业企业孵化资源配置模式研究 [J]. 北京理工大学学报（社会科学版），2011，13（3）：7-10.

[39] 厉无畏. 创新金融服务，支持文化创意产业发展 [J]. 中国浦东干部学院学报，2014（1）：5-8.

[40] 厉无畏，王慧敏. 产业发展的趋势研判与理性思考 [J]. 中国工业经济，2002（4）：3-9.

[41] 岭言. "产业融合发展"——美国新经济的活力之源 [J]. 工厂管理，2001（3）：25-26.

[42] 刘志迎，陈青祥，徐毅. 众创的概念模型及其理论解析 [J]. 科学学与科学技术管理，2015（2）：52-61.

[43] 陆国庆. 产业创新：超越传统理论创新的新范式 [J]. 江汉论坛，2003（2）：10-13.

[44] 陆岷峰，黄百卉. 互联网金融下一站：金融科技 [J]. 企业研究，2019（3）：16-18.

［45］陆岷峰. 金融科技与科技金融相互赋能与共生发［EB/OL］. http：//www.01cai jing. com /blog/334865. html，2020-01-03.

［46］吕学武，范周. 文化创意产业前沿［M］. 北京：中国传媒大学出版社，2007.

［47］罗向兼. 从创业孵化链条看众创空间［J］. 美与时代，2016（7）：45-46.

［48］马健. 产业融合识别的理论探讨［J］. 社会科学编辑，2005（3）：86-89.

［49］牛维麟，彭翊. 北京市文化创意产业集聚区发展研究报告［M］. 北京：中国人民大学出版社，2009.

［50］秦珊珊. 北京发展文化创意产业的金融支持研究［J］. 人力资源管理，2017（1）：198-199.

［51］施勇峰，陈夙. 浙江科技企业孵化器转型升级对策研究［J］. 科技管理研究，2015（12）：83-86.

［52］束俞俊，汤楠等. 文化创意产业文献综述［J］. 中国商界，2010（4）：74-75.

［53］解旖媛. 文化传媒投资热度升温［N］. 金融时报，2019-02-14.

［54］孙玉华，陈金华. 北京市文化创意产业集聚区空间特征探析［J］. 福建农林大学学报（哲学社会科学版），2014，17（2）：77-82.

［55］王丹. 产业融合背景下的企业并购研究［D］. 上海社会科学院博士学位论文，2008.

［56］王文，王军霞. 北京文化创意产业政策探析［J］. 中国国情国力，2017（12）：60-63.

［57］王文佐. 我国科技企业孵化器的相关政策解读——以北京市中关村国家创新示范区为例［J］. 中国管理信息化，2017，20（14）：198-199.

［58］王希良. 科技企业孵化器绩效评价研究［D］. 天津大学博士学位论文，2012.

［59］王忠. 科技企业孵化器合作与激励研究［D］. 天津大学博士学位论文，2011.

［60］魏泽华. 创意产业孵化器知识服务研究［D］. 北京交通大学硕士学位论文，2014.

［61］熊澄宇，张虹. 移动时代文化产业的类型、结构与逻辑. 移动互

联网蓝皮书：中国移动互联网发展报告［R］. 2019.

［62］徐丹丹. 北京文化创意产业发展的金融支持研究［M］. 北京：经济科学出版社，2011.

［63］徐丹丹，孟潇，卫倩倩. 文化创意产业发展的文献综述［J］. 云南财经大学学报，2011（2）：107-115.

［64］徐力生. 北京全方位保障文化创意产业发展［J］. 投资北京，2008（1）：64-65.

［65］徐优丽. 文化创意产业研究评述［J］. 价值工程，2018（18）：279-280.

［66］杨乐. 浅析文化产业与科技的紧密结合［J］. 区域经济评论，2011（2）：20-22.

［67］杨丽青，孙文琛. 北京文化创意产业供给侧改革［J］. 科技智囊，2018，274（5）：76-85.

［68］杨强. 体育产业与相关产业融合发展的有效途径与合作模式研究［C］. 第五届中国体育博士高层论坛，2014.

［69］姚东旭. 文化创意产业的界定及其意义［J］. 商业时代，2007（8）：97-98.

［70］尹洪英，权小锋. 科技企业孵化器转型及功能提升的对策建议——以江苏省为例［J］. 北方经贸，2016（12）：56-58.

［71］尹鸿，孙俨斌，洪宜. “文化产业学”的学科体系研究［J］. 民族艺术研究，2018（5）：56-61.

［72］张功让，陈敏姝. 产业融合理论研究综述［J］. 中国城市经济，2011（1）：67-68.

［73］张弘，昝杨杨. 文化创意产业的融合机制研究——以北京市为例［J］. 企业经济，2018（6）：121-128.

［74］张京成，王国华主编. 北京文化创意产业发展报告（2011）［M］. 北京：社会科学文献出版社，2012.

［75］张明之，谢浩. 现代产业体系构建中的产业深度融合研究［J］. 经济研究，2014（3）.

［76］张清瑶，刘一等. 北京市文化创意产业金融支持情况调查研究报告［J］. 时代金融，2015（6）：281-282.

［77］赵云峰. 产业融合视角下我国文化金融发展对策研究［J］. 中国

管理信息化，2017（17）：127-128.

［78］郑明高. 产业融合：产业经济发展的新趋势［M］. 北京：中国经济出版社，2011.

［79］中国人民银行，中国银保监会. 中国小微企业金融服务报告（2018）［R］. 2019.

［80］周锦，张苏秋. "互联网+"下的文化创意产业的发展模式分析［J］. 现代经济探讨，2017（3）：75-79.

［81］周振华. 产业融合中的市场结构及其行为方式分析［J］. 中国工业经济，2004（2）：8-15.

［82］周振华. 论信息化进程中的产业关联变化［J］. 产业经济研究，2004（2）：1-8.

［83］周振华. 信息化进程中的产业融合研究［J］. 经济学动态，2002（6）：58-62.

［84］朱盈颖. 文化产业金融发展创新方式分析［J］. 现代商业，2011（24）：83-84.

后 记

该成果得以完成，首先，要感谢北京市教委共建项目“北京市创意产业小型企业公共服务孵化器研究”的支持。其次，要感谢笔者所在单位的支持。本成果在专家学者已有研究成果的基础上，通过国内外已有的理论研究和比较分析研究等方法，以北京市文化及文化创意产业与科技、金融等产业相互融合发展的现状及趋势作为研究对象，分析了文化及文化创意产业在互联网、大数据、云计算、人工智能等高科技手段下形成的新业态、新模式动态融合发展的过程；揭示了不同产业或同一产业内的不同行业的相互渗透、相互交叉、相互赋能效应叠加的共生共赢局面。根据“文化+”的产业发展战略，加快文化及文化创意产业的高端化发展、融合创新，积极培育新的文化业态，努力打造北京文化产业的升级版。这为推动文化产业与相关产业的融合发展提供了理论和实践方面的支撑，具有较强的现实意义和应用价值。

虽然该成果已经完成了此阶段的研究，但亦是新研究的起始。对于本研究的相关领域、学界的最新动态和研究成果，笔者会持续跟进，真可谓人生有涯，学术无边。

由于作者研究功底和水平所限，本成果难免存在不足与缺憾，衷心希望得到您的批评与指正。

该书的顺利出版得益于经济管理出版社王光艳编辑的督促与支持，在此深表感谢！

联系方式：
邮箱：liuke@ blcu. edu. cn
电话：13801112890